Werkstattheft
Internationale Studienwoche 2012
Entwicklung der Zivilgesellschaft mit Blick auf die arabische Welt

Peter Stade

Das Werkstattheft «Entwicklung der Zivilgesellschaft mit Blick auf die arabische Welt» dokumentiert die internationale Studienwoche der Hochschule Luzern – Soziale Arbeit vom 30. Januar bis 3. Februar 2012. Im Zentrum des Interesses stand die Bedeutung der Zivilgesellschaft für die Demokratie und das gesellschaftliche Zusammenleben in der Schweiz und im arabischen Raum. Gemeinsam haben Studierende und Fachpersonen über verschiedene Verständnisse von Zivilgesellschaft reflektiert und das Verhältnis von zivilgesellschaftlichem Handeln zur staatlichen, ökonomischen und privaten Sphäre beleuchtet.

Für die Auseinandersetzung mit zivilgesellschaftlichen Fragestellungen wurde der Fokus auf die arabische Welt gelegt. Diese befindet sich, ausgelöst durch den so genannten «Arabischen Frühling», in einer Umwälzung. Eine junge Generation hatte genug von autoritärer Regierungsführung, Nepotismus und Korruption. Sie forderte Demokratie und den Sturz der herrschenden Regime und proklamierte lauthals «IRHAL! – verschwindet». Gäste aus dem In- und Ausland vermittelten als Kennerinnen und Kenner dieser komplexen Geschehnisse Einblicke darüber, welche Rolle zivilgesellschaftliche Organisationen bei diesen Umbrüchen gespielt haben, und welcher Stellenwert ihnen bei der Mitgestaltung neuer politischer Strukturen und Demokratisierungsprozesse zukommen wird.

Angeregt durch den Blick auf den arabischen Raum wurde auch die Situation der Zivilgesellschaft in der Schweiz betrachtet. Vor welchen Herausforderungen steht die Zivilgesellschaft in unserem Land? Warum ist eine aktive und demokratische Zivilgesellschaft von solch grosser Bedeutung und wie kann diese gefördert werden? Anhand dieser und weiterer Fragen wurden während der internationalen Studienwoche Bezüge zur Sozialen Arbeit hergestellt und darüber nachgedacht, welchen Beitrag die künftigen Berufspersonen der Sozialen Arbeit und der Soziokultur zur Entwicklung der Zivilgesellschaft leisten können.

Das Werkstattheft bietet einen Überblick über Referate, Diskussionen und Prozesse der internationalen Studienwoche 2012. Es soll Anstoss für eigene Reflexionen und weitere Diskussionen sein.

Prof. Bernard Wandeler und Peter Stade

Einleitung 4

Prof. Colette Peter

Einführungsreferat: Zum Verhältnis von Zivilgesellschaft und Sozialer Arbeit 6

Beatrice Durrer Eggerschwiler

Die Zukunft mitgestalten – zivilgesellschaftliches Engagement in der Schweiz 12

Beat Stauffer

Die Rolle der Zivilgesellschaft im nachrevolutionären Maghreb 17

Sarah Sabry

Ägyptens Revolution und Zivilgesellschaft 21

Cédric Wermuth

Abschlussreferat: Braucht es heute noch zivilgesellschaftliches Engagement? 26

Dr. Rebekka Ehret

Kritischer Wochenrückblick: Wer tut zivil «gesellschaften»? 32

Studierendenarbeiten

Workshops 36
Besuch von Organisationen 40
Essays 47
Gespräche 51

Rückblick

Die Woche in Bildern 59

Ablauf der Studienwoche

Die Übersicht 63

Einleitung

Prof. Bernard Wandeler
Dozent und Projektleiter
Hochschule Luzern – Soziale Arbeit

Die siebte internationale Studienwoche der Hochschule Luzern – Soziale Arbeit widmete sich der umspannenden Thematik «Entwicklung der Zivilgesellschaft mit Blick auf die arabische Welt». Sie griff damit ein höchst aktuelles und breit debattiertes Phänomen auf und eröffnete Studierenden der Sozialen Arbeit und der Soziokultur die Möglichkeit, sich zusammen mit Gästen intensiv damit zu befassen.

Während dieser Blockwoche wurden zwei Themenschwerpunkte behandelt. Einerseits wurde die Rolle der Zivilgesellschaft in denjenigen Ländern, die den «Arabischen Frühling» erlebt haben, analysiert. Die Teilnehmenden beschäftigten sich mit möglichen Herausforderungen, die sich zivilgesellschaftlichen Akteurinnen und Akteuren bei der Beteiligung am Aufbau von demokratischen Strukturen stellen können. Anderseits erkundeten die Studierenden die diversen Facetten des zivilgesellschaftlichen Engagements und der Freiwilligenarbeit in der Schweiz. Die gesellschaftliche Bedeutung der unentgeltlich geleisteten Arbeit wurde 2011 durch das europäische Jahr der Freiwilligenarbeit sichtbar gemacht. Dass das kulturelle, soziale und politische Leben in der Schweiz massgeblich von freiwilligem Engagement getragen wird, davon konnten sich die Teilnehmenden der diesjährigen internationalen Studienwoche durch Besuche bei vielseitig engagierten Organisationen selbst überzeugen.

Peter Stade
Dozent und Projektleiter
Hochschule Luzern – Soziale Arbeit

Nicht zuletzt galt es, die beiden Themenschwerpunkte miteinander zu verknüpfen und daraus Handlungsfelder für die Soziale Arbeit und die Soziokultur abzuleiten. Diskussionsbedarf bot insbesondere die Frage nach der Verortung und Positionierung der Sozialen Arbeit und der Soziokultur im zivilgesellschaftlichen Diskurs.

In ihrem Eröffnungsbeitrag wendet sich Colette Peter, Leiterin des Instituts für Soziokulturelle Entwicklung der Hochschule Luzern – Soziale Arbeit, dem Verhältnis der Sozialen Arbeit und der Zivilgesellschaft zu. Sie zeichnet die historische Entwicklung der Zivilgesellschaft in Europa nach und bietet einen Überblick über die vielschichtigen Konzepte und Begriffsauslegungen von Zivilgesellschaft. Sie weist dabei auf zahlreiche Berührungspunkte der Sozialen Arbeit zur Zivilgesellschaft hin und plädiert dafür, dass sich Professionelle der Sozialen Arbeit und der Soziokulturellen Animation als wachsame Fördernde der Zivilgesellschaft verstehen sollen.

Beatrice Durrer Eggerschwiler, Dozentin und Projektleiterin an der Hochschule Luzern – Soziale Arbeit, unternimmt eine Vogelschau des zivilgesellschaftlichen Engagements in der Schweiz. In ihrem Beitrag skizziert sie unterschiedliche Formen und Bereiche der Freiwilligenarbeit. Darin zeigt sie auf, wer sich in Vereinen und Organisationen unentgeltlich beteiligt.

Vor dem Hintergrund seiner langjährigen Berichterstattung aus dem Maghreb vermittelt Beat Stauffer, freischaffender Journalist aus Basel, fundierte Kenntnisse und Hintergrundinformationen über die Entwicklungen im «Arabischen Frühling» und die lokalen Ausprägungen dieser Region. Er greift dabei die Rolle der Zivilgesellschaften auf; vor, während und nach den Vorkommnissen in den Ländern des Maghreb und lässt künftige Herausforderungen von zivilgesellschaftlichen Organisationen erkennen.

Einen spezifischen Einblick in den arabischen Raum gewährt Sarah Sabry, Sozialwissenschaftlerin aus Ägypten und wohnhaft in Zürich. In ihrem Referat illustriert sie eingängig den Verlauf der Revolution in Ägypten, die zum Sturz der 30-jährigen Herrschaft von Hosni Mubarak führte, und porträtiert die vielfältige Landschaft der Nichtregierungsorganisationen (NGOs) sowie zivilgesellschaftliche Akteurinnen und Akteure. Dabei ist augenfällig, dass diese Aktivitäten bisher stark durch die Regierung reguliert wurden und sich daher vor allem auf karitative Dienstleistungserbringung und religiöse Wohltätigkeit beschränkten.

Zum Abschluss des Werkstatthefts richtet Nationalrat Cédric Wermuth die politische Perspektive auf die Thematik der Zivilgesellschaft und geht der Frage nach, ob es heutzutage noch zivilgesellschaftliches Engagement braucht. In Annäherung an diese Frage veranschaulicht er Beispiele zur aktuellen Weltlage und bringt diese in Beziehung zu den Idealen der Französischen Revolution, die er als Basis allen zivilgesellschaftlichen Handelns erachtet.

In einer kritischen Würdigung blickt Dr. Rebekka Ehret, Dozentin und Projektleiterin an der Hochschule Luzern – Soziale Arbeit, auf die Ereignisse der Woche zurück und reflektiert darüber, wer in der Schweiz zivil «gesellschaftet» und inwiefern zivilgesellschaftliches Engagement im arabischen Raum von einer Andersartigkeit geprägt sein soll im Vergleich zu hiesigen Aktivitäten.

Zur Vorbereitung der Blockwoche haben die Studierenden Fachtexte sowie Belletristik zum Thema gelesen und sich sowohl in Gruppen als auch individuell mit dem Gegenstand beschäftigt. Exemplarische Essays, Gespräche mit Personen aus dem arabischen Raum sowie Workshop-Dokumentationen von Studierenden sollen in diesem Werkstattheft einen Überblick über die Literatur und die thematischen Auseinandersetzungen ermöglichen.

Die Beiträge auf den folgenden Seiten sind eine Auswahl, viele weitere müssten ebenfalls erwähnt werden. Wir bedanken uns an dieser Stelle bei allen Referentinnen und Referenten, unseren Gästen, bei den Organisationen, die uns einen Einblick in ihre Arbeit gewährt haben, und bei den mitwirkenden Dozierenden. Unser Dank gilt ebenfalls den engagierten Teilnehmenden, insbesondere den rund 70 Studierenden, die bei der Vorbereitung und Durchführung in unterschiedlichen Rollen mitgewirkt haben.

Zum Verhältnis von Zivilgesellschaft und Sozialer Arbeit

Prof. Colette Peter
Leiterin Institut für Soziokulturelle Entwicklung Hochschule Luzern – Soziale Arbeit

1
Asseburg, 2011

2
Ebd.

3
Arendt (1985) definiert Macht wie folgt: «Macht entspricht der menschlichen Fähigkeit, nicht nur zu handeln oder etwas zu tun, sondern sich mit anderen zusammenzuschliessen und im Einvernehmen mit ihnen zu handeln. Über Macht verfügt niemals ein Einzelner; sie ist im Besitz einer Gruppe und bleibt nur solange existent, als die Gruppe zusammenhält.» (S. 45).

4
Arendt, 1985

5
Priller, 2010

Die Nachrichten und Bilder aus Tunesien, Ägypten und Libyen sind uns in wacher Erinnerung. Menschen strömten auf Strassen und öffentliche Plätze, um ihre Anliegen zu manifestieren. Anlass und Struktur der Proteste waren von Land zu Land verschieden, doch überall stand die Verbesserung von Lebensbedingungen, die Teilhabe an der politischen Entscheidungsfindung, der Kampf gegen Korruption und Unterdrückung sowie der Wunsch nach einem Leben in Würde im Zentrum.[1] Die Protestierenden verbanden soziale, wirtschaftliche und politische Forderungen. Doch waren es nicht lauter Gleichgesinnte, die sich auf Strassen und Plätzen einfanden. Ihnen gemeinsam war, dass sie ihren Unwillen in meist friedlicher Form zum Ausdruck brachten. Gewalt ging in erster Linie von den Regimekräften aus.[2] Die Proteste haben bekanntlich zum Sturz langjähriger Diktaturen geführt, sie haben Hoffnungen auf eine demokratischere und gerechtere Gesellschaft geweckt, auf eine bessere Zukunft für eine von wesentlichen Errungenschaften bis anhin ausgeschlossene Generation.

Inzwischen hat sich gezeigt: Es ist ein langer, steiniger Weg dahin, mit vielen Unwägbarkeiten und Hindernissen. Viele der Menschen, die in den Bewegungen des so genannten «Arabischen Frühlings» für ihre Rechte gekämpft haben und noch immer kämpfen, sind weiterhin von Verfolgung bedroht, setzen ihr Leben noch immer aufs Spiel. Der Ausgang der angestossenen Entwicklung ist ungewiss.

Unabhängig davon wurde uns durch die Vorkommnisse vor Augen geführt, welche enormen gesellschaftlichen und politischen Kräfte freigesetzt werden, wenn Menschen sich zusammenschliessen und sich mit friedlichen Mitteln im öffentlichen Raum für ihre gemeinsamen Anliegen einsetzen. Eine Macht[3] wird sichtbar, die durch gemeinsames Handeln entsteht, so wie sie bereits vor Jahrzehnten Hannah Arendt beschrieben hat.[4] Eine Macht, die eng verknüpft ist mit dem Begriff der Zivilgesellschaft.

Entwicklung in Europa

In Europa und in der Schweiz findet gegenwärtig ebenfalls ein Diskurs zur Zivilgesellschaft statt, wenn auch unter anderen Vorzeichen. Demokratische und andere Grundrechte sind in Verfassungen und Abkommen garantiert, wozu auch das Recht gehört, sich zivilgesellschaftlich zu engagieren; der Zugang zu Arbeit, Bildung und sozialer Sicherheit ist für weite Bevölkerungskreise realisiert.

Verschiedene Entwicklungen haben dazu geführt, dass die Zivilgesellschaft in Europa seit Mitte des 20. Jahrhunderts zu einer unverzichtbaren Mitgestalterin des gesellschaftlichen Wandels in die erwünschte Richtung geworden ist. Bereits in den Sechzigerjahren haben die zunehmende Technisierung, der Kalte Krieg und der Imperialismus die neuen sozialen Bewegungen ins Leben gerufen. Die damaligen zivilgesellschaftlichen Akteurinnen und Akteure setzten sich für mehr Partizipation, Gleichberechtigung und eine bessere Umwelt ein. Sie sahen ihr Engagement als notwendige Korrektur zur staatlichen Politik. Im Osteuropa der Achtzigerjahre verstanden sich die Dissidenten und Dissidentinnen als Vorkämpfer/innen für eine «Civil Society», im Bemühen, sich von der obrigkeitsstaatlichen Unterdrückung durch das kommunistische System zu emanzipieren. Solche zivilgesellschaftlichen Gruppierungen waren es denn auch, die beim Zusammenbruch der Deutschen Demokratischen Republik (DDR) und anderer Staaten des damaligen Ostblocks eine wichtige Rolle spielten. Die Gestaltungskraft der Zivilgesellschaft war damit ins Bewusstsein gerückt. Nicht zuletzt diese Erfahrung war es, die dazu beitrug, dass nach dem Ende des Kriegs im ehemaligen Jugoslawien der (Wieder-)Aufbau der Zivilgesellschaft in den so genannten Postkonflikt-Gesellschaften systematisch vorangetrieben wurde. In den westlichen Ländern haben seit den Neunzigerjahren Globalisierung, Internationalisierung, Klimawandel sowie in neuster Zeit die Finanzkrise dazu beigetragen, dass die Zivilgesellschaft als Grösse im politischen Kräftespiel vermehrt an Bedeutung gewonnen hat. Dieser Umstand widerspiegelt sich auch in der zunehmenden Anzahl Studien zum zivilgesellschaftlichen Engagement, auch wenn eine theoretisch fundierte und empirisch gesicherte Engagement-Forschung immer noch fehlt.[5]

An der Hochschule Luzern – Soziale Arbeit hat das Thema Zivilgesellschaft seit einigen Jahren Eingang in die Lehre gefunden. Bereits zuvor hat das Institut für Soziokulturelle Entwicklung im Auftrag von Migros-Kulturprozent ein neuartiges, zivilgesellschaftliches Projekt unter dem Namen «Innovage» ins Leben gerufen, in welchem gut qualifizierte Pensionierte sich in Netzwerken zusammenschliessen, um zivilgesellschaftliche Organisationen unentgeltlich zu unterstützen oder selber zivilgesellschaftliche Projekte zu initiieren.[6] Schon länger arbeitet das Institut in Regional- oder Quartierentwicklungsprojekten mit zivilgesellschaftlich tätigen Akteurinnen und Akteure sowie zivilgesellschaftlichen Organisationen zusammen. Zudem befasst sich das Institut zurzeit in verschiedenen Forschungsprojekten mit zivilgesellschaftlichen Fragestellungen. Untersucht wird zum Beispiel, unter welchen Bedingungen und mit welchen Motiven sich bestimmte Bevölkerungsgruppen wie ältere Menschen oder so genannte Expatriates zivilgesellschaftlich engagieren oder wie Jugendverbände sich verändern müssen, um in Zukunft ihre Mitgliederbasis vergrössern und verbreitern zu können.[7]

Das aktuelle Konzept der Zivilgesellschaft

Doch was meinen wir eigentlich, wenn wir von Zivilgesellschaft sprechen? Eine allgemein gültige Definition gibt es nicht. Je nach historischem, politischem oder wissenschaftlichem Kontext fliessen andere Gewichtungen oder Ausrichtungen in die Definition ein.

Adloff (2010) fasst die aktuelle Begriffsverwendung in fünf Bestimmungsfaktoren zusammen. Danach ist Zivilgesellschaft «erstens eine Sphäre gesellschaftlicher Selbstorganisation in Form von Assoziationen, die bindende und integrative Funktionen haben können, wenn in ihr zweitens Konflikte zivil ausgetragen und Solidaritäten hergestellt werden. Zivilgesellschaft beinhaltet drittens die Einflussnahme auf politische Diskurse, Entscheidungen und Herrschaftsbeziehungen, und viertens einen kulturellen und konflikthaften Raum der Definition von Inklusion und Zivilität und fünftens schliesslich das politisch-utopische Moment einer selbstregierenden Bürgerschaft» (S. 44).

Zivilgesellschaft beeinflusst also einerseits die Entwicklung der Gesellschaft. Anderseits wirken zivilgesellschaftliche Assoziationen aber immer auch nach innen, mit ihrer integrativen Funktion häufen sie soziales Kapital an.[8] Weiter ist die Zivilgesellschaft institutionell weder dem Staat noch der Wirtschaft zuzuordnen und auch nicht der Privatsphäre. Dem Staat ist die Zivilgesellschaft nicht zuzuordnen, da sie unabhängig von der administrativ-politischen Verwaltung handelt; zur Wirtschaft gehört sie nicht, da zivilgesellschaftliche Gruppierungen keinen materiellen Gewinn anstreben. Sie ist aber auch nicht Teil der privaten, informellen Sphäre, da die Akteure der Zivilgesellschaft in der Öffentlichkeit agieren und keine privaten, sondern kollektive Ziele verfolgen. Zudem beruht deren Zugehörigkeit zur Zivilgesellschaft auf der individuellen Entscheidung ihrer Mitglieder. Die Angehörigen der Zivilgesellschaft handeln also im Zwischenbereich dieser drei Sphären als Bürger/innen und dies – das ist die interaktionsbezogene Dimension – solidarisch, selbstorganisiert und öffentlich.[9]

Versucht man diese «Interaktionslogik» der Zivilgesellschaft zu beschreiben, ergibt sich folgendes Muster:[10]
1. Zivilgesellschaftliche Akteurinnen und Akteure handeln selbstorganisiert und selbstbestimmt, in ihrem Selbstverständnis unabhängig von den Bereichen Markt, Staat und Privatsphäre.
2. Die Interaktionen zwischen Mitgliedern zivilgesellschaftlicher Gruppen orientieren sich an Diskussionen und zielen auf Verständigung ab. Kontroversen und Konflikte werden mit friedlichen Mitteln ausgetragen, wobei Protestaktionen wie ziviler Ungehorsam durchaus erlaubt sind.
3. Motivation des zivilgesellschaftlichen Engagements kann zwar die individuelle Betroffenheit sein, aber die daraus entstehenden Interessen müssen sich im Sinne allgemeiner Anliegen kollektivieren lassen.
4. Zivilgesellschaftliche Gruppen handeln immer in der Öffentlichkeit, in Anerkennung der anderen und der Vielfalt. Deshalb distanzieren sich zivilgesellschaftliche Gruppen von Gruppen und Organisationen, die sich zwar ebenfalls selbstorganisiert und öffentlich artikulieren, aber gleichzeitig gewalttätig oder fremdenfeindlich handeln.

---

[6] Vgl. www.innovage.ch

[7] Vgl. Selbstorganisiertes freiwilliges Engagement älterer Menschen in Schweizer Gemeinden – eine qualitative Forschung zu Erfahrungen und Wirkungen am Beispiel von Innovage unter www.hslu.ch/s-projekt_selbstorganisiertes_freiwilliges_engagement_1007.pdf

[8] Putnam & Goss, 2001

[9] Damit grenzt sich die Zivilgesellschaft deutlich ab von Bewegungen, die zwar auch selbstorganisiert, freiwillig und öffentlich handeln, aber nicht demokratisch, solidarisch und im Sinne des Gemeinwohls. Das können fremdenfeindliche oder fundamentalistische Gruppen sein, die demokratische oder Menschenrechte verletzen, oder Vereinigungen, die nur den Profit oder den Eigennutz ihrer Mitglieder zum Ziel haben wie die Mafia. Vgl. auch Enquete Bericht, 2002, S. 79.

[10] Gosewinkel, Rucht, van den Daele & Kocka, 2004

Gruppen und Organisationen

Die Zivilgesellschaft umfasst ein breites Spektrum von Vereinen, Initiativen, Gruppierungen und Organisationen, die sich selbstorganisiert für soziale, kulturelle und politische Anliegen einsetzen. Dazu gehören Quartiervereine, Jugendorganisationen, Sport- und Freizeitvereine, Menschenrechtsgruppen, Umweltgruppen, Frauen- und Männergruppen, Tierschutzorganisationen, Rettungsdienste, Gewerkschaften, Religionsgemeinschaften, Berufsverbände, Genossenschaften, aber auch Organisationen wie WWF, Greenpeace oder Amnesty International. Uneinig ist sich die Wissenschaft, ob politische Parteien und Verbände mit wirtschaftlichen Interessen auch der Zivilgesellschaft zugehören. Dies bejaht zum Beispiel der Wirtschafts- und Sozialausschuss der Europäischen Union, der auch Sozialpartner (Gewerkschaften und Arbeitgeberverbände), Wohlfahrts- sowie Aus- und Weiterbildungseinrichtungen zur Zivilgesellschaft zählt.[11] Auch Non-Profit-Organisationen können Teil der Zivilgesellschaft sein, jedoch nur, wenn sie nicht staatlich organisiert sind wie beispielsweise Spitäler oder Schulen.

Im Hinblick auf ihre Zielsetzungen und gesellschaftliche Funktionszuweisungen lassen sich zivilgesellschaftliche Organisationen wie folgt unterscheiden:[12]
– Interessensorganisationen für Mitglieder, die sich für die Interessen ihrer Mitglieder einsetzen (zum Beispiel Gewerkschaften)
– Interessensorganisationen für Dritte, die anwaltschaftlich im Dienst der Allgemeinheit tätig sind oder sich für spezielle Gruppen einsetzen (etwa Greenpeace, Amnesty International)
– Gemeinnützige Dienstleister wie Caritas
– Stiftungen
– Mitgliederorganisationen wie die Vereine

In der Schweiz gehören abertausende von Vereinen zum Kern der Zivilgesellschaft. Mit minimalen rechtlichen Vorgaben (Statuten, Mitgliederversammlung, Vorstand) verfügen sie über eine besondere Organisationsform. Obwohl jeder Verein zur Zivilgesellschaft gehört, hat nicht jeder von ihnen auch zivilgesellschaftliche Ziele. Vereine mit zivilgesellschaftlichen Zielen sind etwa Quartiervereine, die sich für die Verbesserung der Wohn- und Lebensqualität im näheren Lebensumfeld einsetzen.

Soziale Arbeit und Zivilgesellschaft

Die professionelle und institutionalisierte Soziale Arbeit ist nach dem Gesagten keine zivilgesellschaftliche Akteurin, denn sie ist Teil des staatlichen Systems und handelt in ihrem Auftrag. Doch weist sie zahlreiche Berührungspunkte zur Zivilgesellschaft auf. Diese Nähe zeigt sich an Werten wie Respekt, Verständigung oder am Bekenntnis zur Vielfalt.[13] Auch Zielgrössen wie Selbsthilfe und Selbstorganisation sind sowohl der Sozialen Arbeit als auch der Zivilgesellschaft inhärent.[14] Zwischen staatlich organisierter Sozialer Arbeit und der von staatlichen Strukturen weitgehend unabhängigen Zivilgesellschaft kommt es immer wieder zu Formen der Arbeitsteilung, beispielsweise wenn im Asylbereich Sozialarbeitende mit zivilgesellschaftlichen Organisationen wie der Caritas zusammenarbeiten. Die Soziale Arbeit wird so zur Partnerin der Zivilgesellschaft.

Kooperationsformen

Aus gesellschaftstheoretischer Sicht lassen sich drei Typen der Zivilgesellschaft bezeichnen, die von der Vorstellung positiven gesellschaftlichen Wirkens getragen sind. Dieser Unterscheidung folgt auch die Typologie der Zusammenarbeit der Sozialen Arbeit mit der Zivilgesellschaft:

a) Der Typ der «kommunitaristischen» Zivilgesellschaft: Damit ist jene Form der Zivilgesellschaft angesprochen, die es sich zum Ziel gesetzt hat, auf die fortgeschrittene Individualisierung und den Wertepluralismus zu reagieren, welche – so die Befürchtung – gesellschaftliche Integration und Solidarität gefährden. Die Zivilgesellschaft soll also dazu beitragen, den sozialen «Kitt» wiederherzustellen, um die Balance zwischen Selbstbestimmung und Einsatz für das Gemeinwohl zu finden.[15]

Dieser Typ der Zivilgesellschaft wird zurzeit durch zahlreiche politische Programme quasi von aussen gefördert. Zum Beispiel mit dem von der Eidgenössischen Kommission für Migrationsfragen initiierten Modellvorhaben «Zusammenleben im ländlichen Raum».[16] Das Programm hat die Integration und Partizipation wie auch das freiwillige Engagement verschiedener Bevölkerungsgrup-

---

11 Vgl. http://ec.europa.eu/civil_society/consultation_standards/index

12 Zimmer, 2003

13 Die «Verpflichtung zur Anerkennung von Verschiedenheiten» ist im Berufskodex der Sozialen Arbeit wie folgt ausgeführt: «Unter Beachtung von sozialer Gerechtigkeit, Gleichheit und Gleichwertigkeit aller Menschen sind ethnische und kulturelle Unterschiede zu achten und die Verschiedenheit von Individuen, Gruppen und Gemeinschaften zu berücksichtigen (...)» (AvenirSocial, 2010, S. 8).

14 Vgl. hierzu die Handlungsmaximen zur Selbstständigkeit der Adressaten der Sozialen Arbeit: «Die Professionellen der Sozialen Arbeit motivieren sie (ihre Zielgruppen, Anm. Colette Peter), von ihren Rechten, Fähigkeiten und Ressourcen Gebrauch zu machen, damit sie selbst auf ihre Lebensbedingungen Einfluss nehmen können» (AvenirSocial, 2010, S. 10).

15 Putnam, 2001

16 Vgl. www.ekm.admin.ch/de/projekte/periurban.php

pen in ländlichen Gebieten der Schweiz zum Ziel und damit auch die gezielte Förderung zivilgesellschaftlicher Initiativen. Bei der Umsetzung des Programms sind auch Professionelle aus der Sozialen Arbeit involviert wie Integrationsbeauftragte, Soziokulturelle Animatoren und Animatorinnen oder Schulsozialarbeitende. Gemeinsam mit lokalen Verantwortlichen entwickeln sie Strategien, um beispielsweise Neuzuzügerinnen und Neuzuzüger zur Teilnahme in der Gemeinde und deren Mitgestaltung zu ermutigen oder benachteiligte Gruppen vermehrt am politischen Prozess durch Willensbildung und Meinungsäusserungen teilhaben zu lassen. Mit ihrem Know-how und Fachwissen unterstützen sie die am Programm beteiligten Regionen beim Aufbau neuer zivilgesellschaftlicher Strukturen. Ein anderes Beispiel lässt sich zurzeit im Bereich des Wohnens beobachten. Unter dem Stichwort «Wohnen mit Engagement» versucht man in Genossenschaftssiedlungen oder Siedlungen mit neuen Wohnformen wie intergenerationelles Wohnen eine sich unterstützende Nachbarschaft zu stärken respektive aufzubauen. Auch dazu werden häufig Fachpersonen aus der Sozialen Arbeit beigezogen, um solche Nachbarschaftsbeziehungen aktiv zu fördern.

Wie diese Beispiele zeigen, arbeitet die auf eine solche Weise eingebundene Soziale Arbeit an einer «kommunitaristischen» Zivilgesellschaft mit. Es liegt auf der Hand, dass sie dabei ihre Rolle immer wieder kritisch reflektieren muss. Denn die mit dem Kommunitarismus verbundenen Begriffe «Gemeinschaft» und «Gemeinwohl» bergen die Gefahr eines moralisch geführten beziehungsweise stark von subjektiven Werten gefärbten Diskurses. In ihrer Zusammenarbeit mit der kommunitaristischen Zivilgesellschaft darf auch die Soziale Arbeit nie moralisierend, imperativ oder gar fundamentalistisch auftreten. Nicht alle Menschen wollen – um beim Beispiel des Wohnens zu bleiben – engagierte Bewohnerinnen und Bewohner sein. Die Aufgabe der Sozialen Arbeit beschränkt sich deshalb auf das Schaffen von günstigen Rahmenbedingungen, auf das Anregen und Ermutigen sowie auf das Vermitteln zwischen zivilgesellschaftlich Engagierten und deren Adressaten respektive Adressatinnen. Den grundsätzlichen Entscheid, sich zu engagieren, muss sie den Betroffenen jedoch selber überlassen.

b) Der Typ der «demokratiefördernden» Zivilgesellschaft: Hier wird die Zivilgesellschaft als Korrektiv gegen den als übermächtig und einengend empfundenen Staat und als Garantin für mehr Demokratie und Partizipation gesehen. Die Kooperation von Staat und Politik mit der Zivilgesellschaft ermöglicht, die immer komplexer werdenden Problemlagen auf lokaler, regionaler und selbst auf globaler Ebene breiter sowie besser abgestützt anzupacken, um damit zu nachhaltigeren Lösungen zu gelangen. Die Zivilgesellschaft wird hier zur Hoffnungsträgerin im Kampf gegen die viel beklagte Politikverdrossenheit.[17] Das Verständnis der Zivilgesellschaft als mitgestaltende Ordnungskraft und Kooperationspartnerin von Behörden oder Staat hat sich in der Schweiz nicht nur auf Bundesebene zunehmend verbreitet: So setzen Stadt- und Regionalentwicklungsprojekte, die während der letzten Jahre vielerorts lanciert wurden, auf die Zusammenarbeit mit der Zivilgesellschaft. Zum Beispiel in den so genannten informellen Beteiligungsverfahren, in die nicht nur die Bevölkerung, sondern auch die verschiedenen zivilgesellschaftlichen Anspruchsgruppen einbezogen werden und eine bedeutende Rolle spielen.[18] Meist werden in diese Projekte auch Sozialarbeitende und Soziokulturelle Animatoren und Animatorinnen einbezogen. Dies betrifft zum Beispiel die zahlreichen Quartierentwicklungen der vergangenen Jahre, die in vielen Schweizer Städten lanciert wurden. Eine der Aufgaben, mit der die Soziale Arbeit dabei betraut wird, besteht im so genannten Empowerment der von den Veränderungen betroffenen Quartierbevölkerung.[19] Als Quartierkoordinatorinnen und -koordinatoren vermitteln sie zwischen Verwaltung und der Quartierbevölkerung. Mit verschiedenen Strategien und Massnahmen versuchen sie die Wohnbevölkerung für die Mitarbeit bei der Entwicklung ihres Quartiers zu gewinnen und sie zu ermutigen, sich zu diesem Zweck auch zivilgesellschaftlich zu organisieren. Als vom Staat Beauftragte arbeiten sie damit sozusagen an der Förderung einer «aktiven Bürgerschaft» mit. Auch hier ist Vorsicht geboten, denn in dieser Konstellation besteht die Gefahr, dass Zielgruppen oder Adressaten bevormundet oder ihre vermeintlichen Interessen antizipiert werden. Stattdessen gilt das Gebot, die Betroffenen stets in ihrer Eigensinnigkeit zu respektieren und ihre Selbstbestimmung zu stärken.

c) Der dritte Typ schliesslich ist die «den Sozialstaat kompensierende und Bürger aktivierende» Zivilgesellschaft: Hintergrund ist der bedrohte Sozialstaat. Man erhofft sich kompensatorische Leistungen durch zivilgesellschaftliches Engagement.[20] Aufgaben sollen neu verteilt, staatliche Leistungen durch zivilgesellschaftliches Engagement ergänzt werden. Um dieses

---

17
Klein, 2001; Knodt/Finke, 2005

18
Altrock, 2007

19
Damit bezeichnet man Strategien und Massnahmen, die geeignet sind, die Selbstbestimmung und Autonomie im Leben der Menschen zu erhöhen und sie in die Lage zu versetzen, ihre Belange selbstverantwortet und selbstbestimmt zu vertreten und zu gestalten.

20
Dahme & Wohlfahrt, 2009, oder (kritisch) Braun, 2001

Ziel zu erreichen, soll ein «aktivierender Staat» seinen Bürgern und Bürgerinnen Anreize verschaffen, um sich zivilgesellschaftlich zu engagieren. Die demografische Alterung verhilft diesem Ansatz zur gegenwärtigen Popularität. Die Soziale Arbeit ihrerseits hat schon immer eng mit Freiwilligen zusammengearbeitet, die in Form zivilgesellschaftlichen Handelns subsidiäre Leistungen erbringen wie beispielsweise in der Altersarbeit oder im Behindertenbereich. Doch werden Fachpersonen aus der Sozialen Arbeit zunehmend in neuartige Projekte involviert, welche im Kontext der aktivierenden Zivilgesellschaft entstehen. Dies gilt auch für das bereits erwähnte Projekt «Innovage». Bezeichnend ist, dass der Aufbau dieses Projekts durch Professionelle aus der Sozialen Arbeit erfolgte, mit Unterstützung von privater Seite (Migros-Kulturprozent). Die Sozialfachkräfte brachten das notwendige Wissen ein, um die teilnehmenden Pensionierten auf ihren zivilgesellschaftlichen Einsatz vorzubereiten. Sie unterstützten diese beim Aufbau ihrer selbstorganisierten, regionalen Netzwerke und begleiteten sie später auf ihrem Weg in die Selbstständigkeit als neue, unabhängige zivilgesellschaftliche Organisation. Die Erfahrungen und Erkenntnisse aus dieser Zusammenarbeit sind inzwischen ausführlich dokumentiert.[21]

21
Bühlmann, 2010. «Innovage» wurde von Migros-Kulturprozent lanciert. Für die Projektgesamtleitung während der Aufbauphase wurde das Institut für Soziokulturelle Entwicklung beauftragt. Heute sind die regionalen «Innovage»-Netzwerke in einem selbstständigen Dachverband auf schweizerischer Ebene organisiert.

Doch auch in Zusammenarbeitsprojekten wie diesen gilt es stets wachsam zu bleiben, besteht doch die Gefahr, dass auf Seiten des bedrängten Sozialstaats die Versuchung aufkommt, staatliche Leistungen ungerechtfertigt und über das zuträgliche Mass hinaus abzubauen und sie der Zivilgesellschaft zu überbürden. Keinesfalls darf die Soziale Arbeit dazu beitragen, dass die Zivilgesellschaft für solche Zwecke instrumentalisiert wird.

Gratwanderung

Wie die kursorisch gestreiften Beispiele zeigen, kann die Soziale Arbeit die Zivilgesellschaft auf mannigfache und vielfältige Weise unterstützen wie fördern. Dabei wird auch dargelegt, dass sich die Soziale Arbeit stets auf einer Gratwanderung befindet. Zivilgesellschaftliches Engagement wird heute breit propagiert, von Politikerinnen und Politikern wie von Unternehmen. Nicht alle können oder wollen aber zivilgesellschaftlich tätig sein. Der Aufruf, sich an der Zivilgesellschaft zu beteiligen, kann dazu führen, dass neue Trennlinien gezogen werden, wie Rose (2000)[22] betont. Diese Linien entstehen zwischen zivilgesellschaftlich Engagierten und jenen, denen man die Eigenschaft aktiv agierender Bürgerinnen und Bürger abspricht. Rose denkt dabei an diejenigen, die sich aus verschiedenen Gründen nicht engagieren wollen. Sie werden zu «Marginalisierten, denen man die Zugehörigkeit zum zivilisierten Gruppenstandard der Aktiven und Verantwortlichen abspricht und die im Zuge von Engagementpolitik aktiviert werden müssen».[23] Verweigern sie sich, haftet ihnen das Stigma der Asozialen an: «Wer beim Projekt bei der geforderten Kooperation zwischen Verwaltung und Zivilgesellschaft nicht mitmacht, gerät schnell in den Verdacht, sich nicht gemeinsinnig zu verhalten und sich der Arbeit am Gemeinwohl entziehen zu wollen.» (Adloff, 2010, S. 48).

22
Rose, 2000

23
Zit. in: Adloff, 2010, Hervorhebung Colette Peter

Sozialarbeitende und Soziokulturelle Animatorinnen und Animatoren sollten sich deshalb als wachsame Förderer und Förderinnen der Zivilgesellschaft verstehen. Auch die Soziale Arbeit darf die Zivilgesellschaft nicht für eigennützige Ziele nutzen. Für sie gilt, was der Planungstheoretiker Enrico Gualini (2010) am Beispiel der Zusammenarbeit zwischen Zivilgesellschaft und Verwaltung in Stadtentwicklungsprojekten einfordert, nämlich die Zivilgesellschaft «nicht als eine gegebene soziale Ressource» zu betrachten, «sondern als eine fortwährend produzierte und reproduzierte Form sozialer Mobilisierung und Initiative» (S. 12).

24
Ebd.

Schafft sie das, wird ihre Zusammenarbeit mit der Zivilgesellschaft eine Frage der «sozialen Kreativität».[24] Dann arbeitet die Soziale Arbeit mit ihrem Fachwissen und ihrem breiten methodischen Repertoire an der Zukunft neuer, innovativer Formen der Zivilgesellschaft mit. Eine spannende und herausfordernde Aufgabe!

Quellen

– Adloff, Frank (2010). *Selbst- und Fremdsteuerung in der Zivilgesellschaft*. In Becker, Elke; Gualini, Enrico; Runkel, Carolin & Graf Strachwitz, Rupert (Hrsg.), *Stadtentwicklung, Zivilgesellschaft und bürgerschaftliches Engagement* (S. 39–50). Stuttgart: Lucius et Lucius.
– Altrock, Uwe; Hoffmann, Heike & Schönig, Barbara (2007). *Hoffnungsträger Zivilgesellschaft. Governance, Nonprofits und Stadtentwicklung in den Metropolitanregionen der USA*. Berlin: Reihe Planungsrundschau, Nr. 15.

- Arendt, Hannah (1985). *Macht und Gewalt* (5. Aufl.). München: Piper & Co.
- Asseburg, Muriel (2011). *Zur Anatomie der arabischen Proteste und Aufstände. Aus Politik und Zeitgeschichte*, 39, 3–9.
- AvenirSocial (2010). *Berufskodex Soziale Arbeit Schweiz. Ein Argumentarium für die Praxis der Professionellen*. Bern.
- Braun, Sebastian (2001). *Konjunktur und Ambivalenz einer gesellschaftspolitischen Debatte.* Leviathan 1, 83–109.
- Bühlmann, Beat (Hrsg.). (2010). *Die andere Karriere. Zum gesellschaftlichen Engagement in der zweiten Lebenshälfte am Beispiel von Innovage*. Luzern: interact Verlag.
- Dahme, Heinz-Jürgen & Wohlfahrt, Norbert (2009). *Zivilgesellschaft und «managerieller» Staat. Bürgerschaftliche Sozialpolitik als Teil instrumenteller Governance*. In Ingo Bode; Adalbert Evers & Ansgar Klein (Hrsg.), *Bürgergesellschaft als Projekt. Eine Bestandesaufnahme zu Entwicklung und Förderung zivilgesellschaftlicher Potenziale in Deutschland*. Wiesbaden: Verlag für Sozialwissenschaften.
- Enquete-Kommission «Zukunft des Bürgerschaftlichen Engagements» Deutscher Bundestag. (2002). *Bericht. Bürgerschaftliches Engagement: auf dem Weg in eine zukunftsfähige Bürgergesellschaft*. Opladen: Leske + Budrich.
- Gosewinkel, Dieter; Rucht, Dieter; van den Daele, Wolfgang & Kocka, Jürgen (Hrsg.). (2004). *Zivilgesellschaft – national und transnational*. Berlin: edition sigma.
- Gualini, Enrico (2010). Zivilgesellschaftliches Handeln und bürgerschaftliches Engagement in stadtentwicklungspolitischer Perspektive: kritische Überlegungen zur Thematik. In Elke Becker; Enrico Gualini; Carolin Runkel & Rupert Graf Strachwitz (Hrsg.), *Stadtentwicklung, Zivilgesellschaft und bürgerschaftliches Engagement* (S. 33–24). Stuttgart: Lucius et Lucius.
- Klein, Ansgar (2001). *Der Diskurs der Zivilgesellschaft. Politische Kontexte und demokratietheoretische Bezüge der neueren Begriffsverwendung*. Reihe: Bürgerschaftliches Engagement und Non-Profit-Sektor 4. Opladen: Leske + Budrich.
- Knodt, Michèle & Finke, Barbara (Hrsg.) (2005). *Europäische Zivilgesellschaft. Konzepte, Akteure, Strategie. Bürgergesellschaft und Demokratie*. Bd. 18. Wiesbaden: Verlag für Sozialwissenschaften.
- Priller, Eckhard (2010). *Stichwort: vom Ehrenamt zum zivilgesellschaftlichen Engagement*. Zeitschrift für Erziehungswissenschaft, 13 (2), 195–213.
- Putnam, Robert & Goss, Kristin (2001). Einleitung. In Robert Putnam (Hrsg.), *Gesellschaft und Gemeinsinn: Sozialkapital im internationalen Vergleich* (S. 18–43). Gütersloh: Bertelsmann Stiftung.
- Rose, Nikolas (2000). *Tod des Sozialen? Eine Neubestimmung der Grenzen des Regierens*. In Ulrich Bröckling; Susanne Krasmann & Thomas Lemke (Hrsg.), *Gouvernementalität der Gegenwart, Studien zur Ökonomisierung des Sozialen* (S. 72–109). Frankfurt am Main: Suhrkamp Verlag.
- Zimmer, Annette (2003). *Rahmenbedingungen der Zivilgesellschaft. Die unterschätzte Rolle des Staates*. Forschungsjournal NSB, 16 (2), 74–86.

Elektronische Quellen

- Hochschule Luzern (2011). *Selbstorganisiertes freiwilliges Engagement älterer Menschen in Schweizer Gemeinden – eine qualitative Forschung zu Erfahrungen und Wirkungen am Beispiel von Innovage*. Gefunden am 10. April 2012, unter www.hslu.ch/sprojekt_selbstorganisiertes_freiwilliges_engagement_1007.pdf
- www.innovage.ch
- ec.europa.eu/civil_society/consultation_standards/index
- www.ekm.admin.ch/de/projekte/periurban.php

Die Zukunft mitgestalten – zivilgesellschaftliches Engagement in der Schweiz

Beatrice Durrer Eggerschwiler
Dozentin und Projektleiterin
Hochschule Luzern – Soziale Arbeit

25
Vgl. www.freiwilligenjahr2011.ch

26
Stadelmann-Steffen, Traunmüller, Gundelach & Freitag, 2010

Das kulturelle, sportliche, soziale und politische Leben in der Schweiz wird wesentlich durch zivilgesellschaftliches Engagement getragen. In unzähligen Vereinen, Institutionen und Organisationen wird zivilgesellschaftliches Engagement geleistet. Vor dem Hintergrund aktueller gesellschaftlicher Entwicklungen findet dieses Engagement durch Politik, Gesellschaft und Wissenschaft verstärkte Aufmerksamkeit. So wurde 2011 das Europäische Jahr der Freiwilligenarbeit zur Förderung und Würdigung der unentgeltlich geleisteten freiwilligen Arbeit proklamiert. In der Schweiz stand das Jahr unter dem Motto «Engagiert. Freiwillig».[25] Mit dem Ziel, die gesellschaftliche Bedeutung von Freiwilligenarbeit sichtbar zu machen und die Anerkennung des freiwilligen Engagements zu optimieren, wurden auf nationaler, kantonaler und lokaler Ebene Aktionen und Anlässe organisiert.

Was ist unter zivilgesellschaftlichem Engagement zu verstehen? Welche Personengruppen engagieren sich in der Schweiz hauptsächlich in welchen Bereichen und welches sind die Motivlagen dieser Personen? Worin liegen die zukünftigen Herausforderungen im Bereich des zivilgesellschaftlichen Engagements? Der folgende Artikel geht diesen Fragen nach.

Formen der Freiwilligkeit

Es gibt verschiedenste Möglichkeiten, sich freiwillig zu engagieren. Nicht jede freiwillige Tätigkeit entspricht jedoch per Definition einem zivilgesellschaftlichen Engagement, wie aus dem Freiwilligen-Monitor der Schweiz[26] ersichtlich ist.

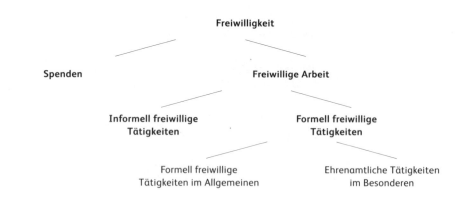

Abb. Definition der Freiwilligkeit nach Stadelmann-Steffen et al. (2010, S. 29)

Im Freiwilligen-Monitor 2010 werden alle Aspekte des freiwilligen Handelns erfasst und unterschiedliche Formen der Freiwilligkeit definiert. Während sich Freiwilligkeit grundsätzlich in Spenden (Geld, Naturalien wie Kleider, Spielsachen, Infrastruktur usw.) und freiwillige Arbeit unterscheiden lässt, wird die freiwillige Arbeit aufgrund des Formalisierungsgrades weiter unterteilt: Formell freiwillige Tätigkeiten erfolgen in geregelten und zielgerichteten Kontexten von Vereinen und Organisationen. Ein Vereinsengagement lässt sich grob in vier Formen der Mitgliedschaft einteilen: passive Mitgliedschaft, aktive Mitgliedschaft, Freiwilligenarbeit und Ehrenamt. Während die passive Mitgliedschaft die reine Zugehörigkeit zu einem Verein ohne Teilnahme an den Vereinsaktivitäten beschreibt, zeichnen sich aktive Mitglieder dadurch aus, dass sie in das Vereinsleben involviert sind. Allgemein freiwillige Tätigkeiten wie Mitarbeit bei Anlässen, Trainings usw. und Ehrenämter unterscheiden sich aufgrund ihres Verpflichtungsgrads. Bei einem Ehrenamt sind die freiwillig engagierten Personen in der Regel in ihr Amt gewählt – beispielsweise als Vorstandsmitglied – und verpflichten sich für eine bestimmte Periode. Knapp die Hälfte der freiwillig tätigen Personen in der Schweiz hat ein Ehrenamt inne. Dazu zählen neben Ämtern in Vereinen und Organisationen auch die nebenamtlichen Behördenmitglieder des Milizsystems in politischen, schulischen und kirchlichen Gemeinden. Die formell freiwilligen Tätigkeiten werden als zivilgesellschaftliches Engagement bezeichnet.

Informelle Freiwilligkeit hingegen wird innerhalb der Familie, des Freundeskreises oder in der Nachbarschaft, aber ausserhalb des eigenen Haushalts geleistet. Darunter fallen Hilfeleistungen wie Kinder betreuen, die Pflege von erwachsenen Personen sowie Dienstleistungen wie Hausarbeiten, Transporte oder Gartenarbeiten. Informelle Tätigkeiten beruhen zu einem grossen Teil auf einem Netzwerk von gegenseitigen Hilfeleistungen im persönlichen Umfeld. Frauen engagieren sich signifikant häufiger im informellen Bereich als Männer: 22,7 Prozent Frauen gegenüber 13,9 Prozent Männer im Jahr 2010.[27]

27
Bundesamt für Statistik, 2011

Bei freiwilligen Tätigkeiten handelt es sich also um die Summe der im zivilgesellschaftlichen Engagement einerseits und in den informellen Tätigkeiten anderseits geleisteten Arbeiten. Die Beteiligungsraten der Bevölkerung sind umso geringer, je aufwändiger und bindender ein Engagement ist: Während beinahe drei Viertel der Schweizer Wohnbevölkerung Geld oder Naturalien spenden, sind noch rund 20 Prozent der Wohnbevölkerung ab 15 Jahren formell freiwillig tätig.[28]

28
Bundesamt für Statistik, 2011

Zivilgesellschaftliches Engagement

Für das zivilgesellschaftliche Engagement werden in der Literatur häufig die Begriffe formelles Engagement, institutionalisiertes Engagement oder bürgerschaftliches Engagement synonym verwendet. Zivilgesellschaftliches Engagement lebt vom freiwilligen, gemeinwohlorientierten und selbstorganisierten Einsatz, der unentgeltlich geleistet wird. Dabei gelten Sitzungsgelder, Spesenvergütungen oder symbolische Beiträge nicht als Bezahlung im Sinne der Erwerbsarbeit. Neben der Art des Engagements wurden im Rahmen des Freiwilligen-Monitors[29] auch Motive und individuelle Charakteristiken bezüglich des zivilgesellschaftlichen Engagements befragt. Die Ergebnisse zeigen, dass der Spass an der Tätigkeit als Motiv für ein zivilgesellschaftliches Engagement eine zentrale Rolle spielt. Über 80 Prozent der zivilgesellschaftlich engagierten Personen geben an, dass sie sich freiwillig betätigen, weil es ihnen Spass macht; 74 Prozent sehen ihr Engagement als Möglichkeit, zusammen mit anderen etwas bewegen zu können; 67 Prozent möchten anderen Menschen helfen. Der Akt der Gemeinsamkeit «mit anderen etwas bewegen» und die Möglichkeit, sich weiterzuentwickeln, sind wichtige Beweggründe für ein zivilgesellschaftliches Engagement. Frauen und Männer zeigen eine sehr hohe Übereinstimmung in dieser Mischung aus gemeinnützigen Motiven und selbstbezogenen Beweggründen: Man ist nicht nur selbstlos altruistisch, sondern will selber auf die Rechnung kommen und etwas erleben, wenn man sich engagiert. Feststellbar ist ausserdem, dass sich engagierte Personen tendenziell nicht mehr langfristig, sondern zeitlich begrenzt und projektbezogen engagieren wollen. In der Tendenz zeigt sich hier ein Wandel weg vom klassischen Ehrenamt, das sich oft auf weltanschaulich geprägte und soziale Motive stützt, hin zu einem Engagement, das sich aus Motiven einer selbstbestimmten Lebensführung speist.[30]

29
Datengrundlage für den Freiwilligen-Monitor 2010: eine landesweite repräsentative Bevölkerungsumfrage von rund 6'000 Personen im Jahr 2009.

30
Keupp, 2011

Wer engagiert sich in Organisationen und Vereinen?

Vereine sind typisch für die Schweiz; sie machen sozusagen den Kern der Zivilgesellschaft aus. Laut Schätzungen gibt es um die 100'000 Vereine in der Schweiz – genaue Zahlen dazu existieren nicht –, die ein breites Spektrum an Angeboten und Dienstleistungen von Sport über Freizeit und Kultur bis hin zu sozialen und karitativen Aufgaben abdecken.[31] Nutzeffekte von Vereinen für die öffentliche Hand sind vielfältig: Sie entlasten die Gemeindehaushalte, leisten direkt oder indirekt Integrations- und Bildungsarbeit, fördern die Partizipation im Milizsystem und tragen zur Wohnortattraktivität sowie Lebensqualität in den Gemeinden bei.[32]

31
Seidel et al., 2010

32
Seidel et al., 2010

Etwa 1,5 Millionen Menschen engagieren sich in der Schweiz freiwillig in einer Organisation oder einem Verein, davon rund 700'000 in einem Ehrenamt.[33] Für die Bereitschaft, sich zu engagieren, spielen vor allem soziodemografische und sozioökonomische Faktoren sowie Einstellungen und Werte eine wichtige Rolle. Die Resultate des Freiwilligen-Monitors 2010 zeigen, dass die Übernahme von freiwilligen Tätigkeiten in Vereinen im Alter von 40 bis 64 Jahren am häufigsten ist, wobei sich bei den Frauen ein Einbruch in der Gruppe der 20 bis 39-Jährigen feststellen lässt, der auf die grosse Herausforderung der Vereinbarkeit von Beruf und Familie zurückgeführt werden kann.[34] Männer sind generell häufiger formell freiwillig tätig als Frauen, wobei sie auch signifikant öfter ein Ehrenamt ausüben. Hingegen sind junge Menschen in der Gruppe der Ehrenamtlichen stark untervertreten. Untersuchungen zu den individuellen Merkmalen freiwillig Engagierter kommen zum Schluss, dass der soziale Status einer Person eine zentrale Rolle spielt: Gut gebildete und gut verdienende Personen sind häufiger freiwillig tätig und haben

33
Stadelmann-Steffen, Freitag & Bühlmann, 2007

34
Ebd.

überdurchschnittlich oft ein Ehrenamt inne. Erklärt wird diese Tatsache einerseits damit, dass zivilgesellschaftliches Engagement oft bestimmte Kenntnisse und Fähigkeiten voraussetzt, anderseits Personen mit einem hohen sozialen Status überdurchschnittlich oft für eine solche Tätigkeit angefragt werden. Weiter übernehmen Eltern von schulpflichtigen Kindern überdurchschnittlich häufig freiwillige Tätigkeiten: Über die Schule und die Freizeitaktivitäten der Kinder erschliessen sich den Eltern neue Kontakte und Netzwerke, die zur Übernahme von formell freiwilligen Tätigkeiten führen können.[35]

Die verfügbare Zeit hingegen ist nicht ein wesentliches Merkmal formell freiwillig engagierter Personen. Menschen, die über genügend zeitliche Ressourcen für eine freiwillige Tätigkeit in Vereinen und Organisationen verfügen, wie etwa Rentnerinnen und Rentner, Arbeitssuchende oder Teilzeiterwerbstätige, engagieren sich eher unterdurchschnittlich häufig. Um das Potenzial von Rentnern und Rentnerinnen besser zu erschliessen, richtet sich das Projekt «Innovage»[36] an gut ausgebildete, pensionierte Menschen, die ihr grosses berufliches Know-how nach ihrer Pensionierung weitergeben und der Allgemeinheit zur Verfügung stellen möchten. Im Projekt «Die Stadthelfer»[37] werden motivierte Sozialhilfebeziehende als Freiwillige in die Gemeinnützigenarbeit bestehender Organisationen in der Region Basel vermittelt. Der Einsatz stärkt das Selbstwertgefühl der Teilnehmenden und unterstützt sie im Ausbau wie Erhalt ihrer sozialen Rollen und Netzwerke.

Auffallend sind die relativ grossen regionalen Unterschiede im zivilgesellschaftlichen Engagement. So ist der Anteil der freiwillig engagierten Personen in der deutschsprachigen Schweiz deutlich höher als in den französischen und italienischen Sprachgebieten, wobei die Genfersee-Region und das Tessin unterdurchschnittliche Beteiligungsquoten aufweisen, die Zentral- und Ostschweiz hingegen überdurchschnittliche. In allen Regionen lässt sich zudem ein Unterschied zwischen Städten, Agglomerationen und ländlichen Gemeinden feststellen: Bewohner/innen ländlicher Gemeinden sind signifikant häufiger zivilgesellschaftlich engagiert als jene von Agglomerationen und diese wiederum häufiger als jene von Städten. Zudem übernehmen die Bewohnerinnen und Bewohner ländlicher Gebiete überdurchschnittlich häufig ein Ehrenamt. Im Freiwilligen-Monitor 2010 werden als Begründung «die engmaschigen sozialen Netzwerke und der höhere soziale Druck auf dem Land, beziehungsweise die höhere Anonymität und Individualisierung in städtischen Gebieten genannt.»[38]

Das freiwillige Engagement in Vereinen und Organisationen ist in erster Linie ein lokales Phänomen: Über 80 Prozent der formell freiwillig engagierten Personen geben in der Befragung im Rahmen des Freiwilligen-Monitors Schweiz an, dass ihre Tätigkeit lokal ausgerichtet ist. Nur eine kleine Minderheit übt eine Tätigkeit mit gesamtschweizerischer oder sogar globaler Ausrichtung aus. Für die Förderung des zivilgesellschaftlichen Engagements ist es daher sinnvoll, Förderstrukturen auf kommunaler oder regionaler Ebene zu entwickeln. Erste Schritte dazu wurden in zwei Luzerner Agglomerationsgemeinden initiiert: in Horw mit der Bildung einer kommunalen Arbeitsgruppe, um Erfahrungen auszutauschen und allfällige Massnahmen zur Förderung des freiwilligen Engagements zu ergreifen.[39] In der Gemeinde Kriens wiederum wird eine Netzwerk-Plattform aufgebaut mit dem Ziel, die örtlichen Vereine und Organisationen miteinander zu vernetzen und so den Vereinen die Möglichkeit zu bieten, aktiv nach freiwilligen Helfern und Helferinnen zu suchen.[40]

In welchen Bereichen und wie häufig engagieren sich die befragten Personen?
Die Einsatzbereiche der formell Freiwilligen sind ausgesprochen vielfältig. Frauen und Männer leisten am meisten Freiwilligenarbeit für Sportvereine, gefolgt von kulturellen Vereinen. Interessensvereinigungen zählen bei den Männern gross, sozial-karitative Organisationen bei den Frauen. Frauen engagieren sich deutlich seltener im politischen Bereich als Männer. Mit der Abfrage des Zeitaufwandes für die freiwillige Tätigkeit in Vereinen und Organisationen lässt sich eine Aussage zur Intensität des Engagements machen. Als Grundlage dienen die Erhebungen, die das Bundesamt für Statistik im Rahmen der schweizerischen Arbeitskräfteerhebung (SAKE) seit 1997 alle drei bis vier Jahre zur Freiwilligenarbeit erhebt. Die aktuellen Zahlen stammen aus dem Jahre 2010 und beziehen sich auf die Wohnbevölkerung in der Schweiz ab 15 Jahren. Für das zivilgesellschaftliche Engagement werden durchschnittlich 13,7 Stunden pro Monat aufgewendet. Für 2010 ergibt dies ein geschätztes Gesamtvolumen von 320 Millionen Stunden für die formelle Freiwilligenarbeit. Zählt man die im informellen Bereich geleisteten Stunden hinzu,

---

35
Ebd.

36
Projekt Innovage: Durch Migros-Kulturprozent initiiert und von Prof. Colette Peter, Hochschule Luzern – Soziale Arbeit, geleitet. Vgl. www.inovage.ch

37
Vgl. www.stadthelfer.ch

38
Stadelmann-Steffen, Freitag & Bühlmann, 2007

40
Neue Luzerner Zeitung, 22. Juli 2011

kommt man auf ein Gesamtvolumen von 640 Millionen Stunden freiwillig geleisteter Arbeit. Als Vergleichsgrösse: 2008 wurden im gesamten Gesundheits- und Sozialwesen 755 Millionen Stunden (bezahlt) gearbeitet.[41] Die eindrücklichen Zahlen zeigen, wie gross der Beitrag ist, der im Rahmen des freiwilligen Engagements in der Schweiz für das Gemeinwesen geleistet wird.

41 Bundesamt für Statistik, 2011

Zivilgesellschaftliches Engagement und soziales Kapital

Unter sozialem Kapital versteht man den sozialen Zusammenhalt, den Kitt innerhalb einer Gesellschaft. Soziales Kapital ist jene Grösse, die entsteht, wenn Menschen miteinander in Beziehung treten und kooperieren. Wesentliche Elemente sozialen Kapitals sind Vertrauen, Einbindung in Netzwerke sowie Verlässlichkeit in Form gemeinsamer Normen. Ein Indikator zur Messung des in einer Gesellschaft vorhandenen sozialen Kapitals ist unter anderem die Anzahl Mitgliedschaften in Vereinen. Vereine tragen zur Bildung von sozialem Kapital bei, da sie die freiwilligen Beziehungen zwischen Menschen aus unterschiedlichen gesellschaftlichen Bereichen fördern und organisationale Rahmenbedingungen bieten, in denen Vernetzungsprozesse ablaufen können. Dadurch wird eine Atmosphäre der Solidarität, der Zugehörigkeit und des Vertrauens geschaffen.

Robert Putnam beschreibt das Gesetz der «generalisierten Reziprozität», das in zivilgesellschaftlichen Organisationen gilt: Damit meint er, dass Mitglieder von Vereinen und Organisationen bereit sind, gegenseitig und gegenüber der Gesellschaft Leistungen zu erbringen, ohne umgehend eine Gegenleistung zu erwarten. Diese generalisierte Reziprozität trägt dazu bei, gegenseitiges Vertrauen aufzubauen und stärkt gleichzeitig das Vertrauen in Staat, Behörden und Wirtschaft einer Gesellschaft.[42]

42 Putnam, 2000

Nicht jeder Verein trägt jedoch gleich stark zur Bildung von sozialem Kapital bei. Warum ist das so? Mitgliedschaften in Vereinen sind umso stärker brückenbildend (bridging), je mehr Menschen mit sozio-demografisch und sozio-ökonomisch unterschiedlichen Merkmalen aufeinandertreffen. Zu denken wäre beispielsweise an Sportvereine, die Menschen aus unterschiedlichsten Nationen und Berufen zusammenbringen. Die Untersuchungen im Freiwilligen-Monitor Schweiz 2010 zeigen, dass kulturelle Vereinigungen, kirchliche Organisationen sowie Freizeit- und Sportvereine eine wichtige brückenbildende Funktion in der Schweiz haben, da sie Menschen mit unterschiedlichem Bildungsniveau und Einkommen zusammenbringen. Politische Parteien und politisch-öffentliche Ämter dagegen sind mit Abstand am wenigsten in der Lage, unterschiedliche Menschen zusammenzubringen und den sozialen Zusammenhalt zu fördern. Hier spricht man von abgrenzenden (bonding) Vereinen und Organisationen, die sich aus Personen zusammensetzen, die eine geringe Vielfalt in sozio-demografischen und sozio-ökonomischen Merkmalen aufweisen. Dies gilt beispielsweise für politische Parteien: Hier treffen sich hauptsächlich Schweizer Männer mittleren Alters mit hoher Bildung und gutem Einkommen.[43]

43 Stadelmann-Steffen, Traunmüller, Gundelach & Freitag, 2010

In Vorarlberg wurde in einer Studie das soziale Kapital der Stadt Bregenz erhoben. Dazu wurde die Bevölkerung unter anderem nach dem Umfang ihrer ehrenamtlichen, freiwilligen Tätigkeiten sowie nach ihren sozialen Netzwerken befragt. Die Studie kommt zum Schluss, dass Menschen, die sich zivilgesellschaftlich engagieren, ein höheres soziales Kapital aufweisen und ihre Werte für Lebensfreude sowie Gesundheit höher sind als bei weniger engagierten Personen.[44]

44 Büro für die Organisation angewandter Sozialforschung, 2008

Zukünftige Herausforderungen im Bereich des zivilgesellschaftlichen Engagements

Freiwillige Tätigkeiten sind in den letzten zehn Jahren statistisch signifikant rückläufig. Sowohl im formellen als auch im informellen Bereich hat das Engagement kontinuierlich abgenommen. Vereine und Organisationen haben mehr und mehr Mühe, Personen zu finden, die bereit sind, Zeit und Engagement zu investieren.[45]

45 Vgl. www.bfs.admin.ch/bfs/portal/de/index/themen/20/04/blank/key/freiwilligen-arbeit/ueberblick.html

Gleichzeitig werden mit dem freiwilligen Engagement in der gegenwärtigen internationalen und nationalen Debatte zahlreiche Erwartungen und Hoffnungen in Hinblick auf den Umgang mit gesellschaftlichen Herausforderungen wie Individualisierung, demografische Alterung und knappere finanzielle Ressourcen verbunden. Empirische Erhebungen und wissenschaftliche Analysen zeigen, dass insgesamt noch zu wenig über das zivilgesellschaftliche Engagement, die langfristigen Wirkungen von fördernden und hemmenden Rahmenbedingungen, aber auch die Leistungsfähigkeit sowie die Verankerung in der Gesellschaft bekannt sind. Priller fordert, dass sich die zukünftige Engagementforschung von der Betrachtung des Engagements als eine an sich immer positiv zu bewertende Aktivität, deren Umfang und Intensität ständig zu steigern ist, lösen muss. Stärker in den Blick genommen werden sollten hingegen das Verhältnis von Angebot und Nachfrage von Leistungen sowie die Grenzen der Leistungsfähigkeit des zivilgesellschaftlichen Engagements.[46] Keupp meint, dass in Wissenschaft und Politik die Frage gestellt werden sollte, wie sich Menschen in Selbsthilfe und Selbstorganisation an zukunftsfähigen Lösungen für die gesellschaftlichen Folgen wachsender Flexibilisierung und Mobilität beteiligen können.[47] Politik und Wirtschaft sind also gefordert, geeignete Rahmenbedingungen für das zivilgesellschaftliche Engagement zu schaffen und dieses dadurch zu unterstützen und zu fördern. Dies wurde an der «Freiwilligen-Landsgemeinde» in Bern im Rahmen der Abschlussveranstaltung zum Europäischen Freiwilligenjahr von den Teilnehmenden in einer Resolution gefordert.

Zu beachten ist allerdings, dass sich Menschen mit ihrem Engagement nicht mehr selbstverständlich in den vorhandenen Strukturen von Politik und Organisationen verorten wollen, da sich die Motivlagen, stark verändert haben. Es braucht daher neue Handlungsangebote, um das «brachliegende Potenzial» für das zivilgesellschaftliche Engagement sinnvoll zu erschliessen.[48] In der Bregenzer Sozialkapital-Studie wird festgestellt, dass es einen unmittelbaren Wirkungszusammenhang zwischen der sozialen Verantwortung und Wohlfahrtspolitik einer Gemeinde und dem Engagement ihrer Bewohnerinnen und Bewohner gibt. Länder mit höchsten Werten staatlicher sozialer Verantwortung können auf zahlreiche ehrenamtlich engagierte Bewohnerinnen und Bewohner zählen. Die Verfasserinnen und Verfasser der Studie folgern daraus, dass eine sozial engagierte Politik sensibilisiert, den sozialen Sinn ihrer Bewohnerinnen und Bewohner schärft und gleichzeitig das zivilgesellschaftliche Engagement fördert. In diesem Sinne sind Politik und Wissenschaft gefordert, die Herausforderungen anzunehmen und ihren Teil zur Weiterentwicklung des zivilgesellschaftlichen Engagements beizutragen.

Quellen

– Böhni, Basil (2012, 8. März). *So finden Vereine Freiwillige*. Neue Luzerner Zeitung, S. 26.
– Bundesamt für Statistik BFS (2011). *Freiwilligenarbeit in der Schweiz 2010*. Neuchâtel: BFS.
– Keupp, Heiner (2011). *Bürgerschaftliches Engagement – sein gesellschaftlicher und sein individueller Stellenwert*. Supervision 4, 3–10.
– Priller, Eckhard (2010). *Stichwort. Vom Ehrenamt zum zivilgesellschaftlichen Engagement*. Zeitschrift für Erziehungswissenschaft, 13 (2), 195–213.
– Putnam, Robert D. (2000). *Bowling alone. The Collapse and Revival of American Community*. New York: Simon and Schuster.
– Seidel, Axel et al. (2010). *Die Kooperation von Gemeinden und Vereinen. Eine Kosten-Nutzen–Analyse in zehn Schweizer Gemeinden*. Zürich: Migros-Kulturprozent.
– Stadelmann-Steffen, Isabelle; Traunmüller, Richard; Gundelach, Birte & Freitag, Markus (2010). *Freiwilligen-Monitor Schweiz 2010*. Zürich: Seismo Verlag.
– Stadelmann-Steffen, Isabelle; Freitag, Markus & Bühlmann, Marc (2007). *Freiwilligen-Monitor Schweiz 2007*. Zürich: Seismo Verlag.

Elektornische Quellen

– Bundesamt für Statistik [BFS] (ohne Datum). *Homepage des Bundesamts für Statistik*. Gefunden am 22. Januar 2012, unter www.bfs.admin.ch/bfs/portal/de/index/themen/20/04/blank/key/freiwilligen-arbeit/ueberblick.html
– Büro für die Organisation angewandter Sozialforschung BOAS (2008). Sozialkapital Bregenz 2008. Kurzfassung einer Studie zum Sozialkapital der Landeshauptstadt Bregenz. Gefunden am 22. Januar 2012, unter www.vorarlberg.at/pdf/sozialkapitalbroschuere_b.pdf/
– www.freiwilligenjahr2011.ch
– www.stadthelfer.ch
– www.bfs.admin.ch/bfs/portal/de/index/themen/20/04/blank/key/freiwilligen-arbeit/ueberblick.html

Zeitungsartikel ohne Autorschaft

Meldung über Horw (2011, 22. Juli). 100'000 Stunden gratis gearbeitet. Neue Luzerner Zeitung, S. 27.

Die Rolle der Zivilgesellschaft im nachrevolutionären Maghreb

Beat Stauffer
freischaffender Journalist

Zivilgesellschaftliche Organisationen haben bei den Aufständen und Revolutionen in Nordafrika eine je nach Land unterschiedlich bedeutsame Rolle gespielt. Ausschlaggebend für den Erfolg der Revolutionen waren sie jedoch nicht. Dies hängt mit der starken Kontrolle der NGOs durch die autoritären bis diktatorischen Regimes zusammen. Eine entscheidende Rolle dürften zivilgesellschaftliche Organisationen aber beim Aufbau neuer politischer Strukturen und bei der Demokratisierung der Gesellschaften des Maghreb spielen.

Ausgangslage

Mit der Flucht des tunesischen Präsidenten Ben Ali am 14. Januar 2011 wurde in Nordafrika und in der gesamten arabischen Welt eine Dynamik ausgelöst, die viele Beobachterinnen und Beobachter mit den Folgen des Falls der Berliner Mauer vergleichen. Allein im Maghreb wurden zwei Regime, die aufgrund ihres extrem ausgebauten Sicherheitsapparats als äusserst solide galten, gestürzt. Doch die arabische Demokratiebewegung (auch «Arabellion» oder «Arabischer Frühling» genannt) fegte nicht nur die Herrscher in Tunesien und Libyen weg; sie setzte auch die Regime in den anderen Maghrebstaaten – Algerien, Marokko und Mauretanien – massiv unter Druck.

Es ist an dieser Stelle nicht möglich, auf die verschiedenen Strategien der von den Revolten bis anhin «verschonten» Staaten einzugehen, ihre Bevölkerung von Aufständen und Massendemonstrationen abzuhalten. Im Vordergrund steht vielmehr die Frage, welche Rolle zivilgesellschaftliche Organisationen vor dem Ausbruch der tunesischen Revolution in den betreffenden Ländern gespielt hatten und welche Bedeutung zivilgesellschaftliche Organisationen beim Aufbau neuer politischer Strukturen und bei der Demokratisierung der Gesellschaften des Maghreb spielen werden. Hier zuerst ein Rückblick auf die Situation vor dem 14. Januar 2011.

Zivilgesellschaften im Maghreb vor der Revolution

Es war in einem Konferenzzentrum in Genf im Frühling 2005. Einem tunesischen Delegierten, Hochschulprofessor und Aktivist in einer unabhängigen Nichtregierungsorganisation, fiel ein junger Mann auf, der ständig fotografierte und Tonaufnahmen machte. Als er den Mann, den man aufgrund seiner Kleidung für einen Globalisierungskritiker gehalten hätte, direkt auf sein Tun ansprach, zischte ihm dieser zu: «Lass mich in Ruhe! Ich mache bloss meine Arbeit!» Es war, davon ist der Professor überzeugt, eine «oreille du pouvoir», ein staatlich bezahlter Agent, der sich unter das Publikum gemischt hatte.

Wer sich über den Handlungsspielraum von Nichtregierungsorganisationen in Tunesien kundig machen wollte, bekam häufig derartige Geschichten zu hören. Einige davon waren weniger harmlos als diejenige mit dem «unechten» Globalisierungskritiker. Der gravierendste Vorwurf: Der tunesische Staat habe Tausende von «künstlichen» Vereinen ins Leben gerufen, die den einzigen Zweck hätten, die authentischen Organisationen zu bekämpfen und ihnen nicht zuletzt an internationalen Konferenzen die Legitimität abzusprechen. «Von den über 9'400 Nichtregierungsorganisationen, die offiziell in Tunesien existieren, sind gerade einmal sieben wirklich unabhängig», erklärte etwa Essia Bel Hassen, Sprecherin der Association Tunisienne des Femmes Démocrates im Frühjahr 2005. Alle anderen Organisationen seien von den Behörden geschaffen worden und verfügten über keine Basis. Die unabhängigen Verbände und Organisationen hätten mit grössten Schwierigkeiten dagegen zu kämpfen; vielen gelinge es nicht einmal, ihre Jahresversammlungen abzuhalten. Sie seien zudem alle mit einer «Infiltrationsstrategie» der bis im Januar 2011 fast allmächtigen, ehemaligen Einheitspartei RCD konfrontiert. Staatlich bezahlte Agenten, so war zu erfahren, versuchten in grosser Zahl den unabhängigen Organisationen beizutreten und in den Leitungsgremien eine Mehrheit zu gewinnen. Anschliessend machten sie sich daran, den Kurs der betreffenden Organisation im Sinn des Auftraggebers zu korrigieren.

Auch die tunesische Menschenrechtsorganisation LTDH, die älteste in ganz Nordafrika, wurde wiederholt Opfer eines solchen «Übernahmeversuchs». Diese Strategie war allerdings häufig nicht von Erfolg gekrönt, weil sich die unabhängigen Organisationen der Gefahr bewusst waren und entsprechende Gegenmassnahmen ergriffen.

Doch der tunesische Staat verfügte über weitere Mittel, um die unabhängigen Nichtregierungsorganisationen an ihrer Arbeit zu hindern. So blockierte er regelmässig Gelder, welche tunesische NGOs von befreundeten internationalen Organisationen erhielten. Gleichzeitig verunmöglichte er es den Organisationen, sich durch Gala-Anlässe oder Geldsammlungen selbstständig zu finanzieren. Schliesslich versuchten die Behörden, die missliebigen Organisationen mittels endloser Prozesse lahmzulegen. Der tunesische Staat, schrieb Omar Mestiri, Vorstandsmitglied des Conseil National pour les Libertés en Tunisie, unternehme alles, um «die Ressourcen der unabhängigen Organisationen auszutrocknen, sie permanent mit Prozessen einzudecken und ihre Arbeit totzuschweigen».

Angesichts dieser düsteren Analyse, die im Wesentlichen von allen Befragten geteilt wird, ist es erstaunlich, dass die paar wenigen tatsächlich unabhängigen Organisationen dennoch Aktivitäten entfalten konnten. «Wir lassen uns nicht unterkriegen!» war damals die Devise; die täglich erfahrene Repression liess offenbar den Willen, diesem totalitären System etwas entgegenzusetzen, nur noch stärker werden. Andere teilten diesen Optimismus nicht und urteilten, die tunesische Zivilgesellschaft liege im Koma.

Etwas besser standen in den vergangenen Jahren die Dinge in Algerien. Zwar waren Organisationen und Verbände mit vielen Einschränkungen konfrontiert und mussten eine Reihe von Kompromissen eingehen, um arbeiten zu können. Sie wurden aber, so der Eindruck, nicht auf dieselbe krude Weise drangsaliert wie jene im Nachbarland Tunesien.

Doch auch in Algerien war die Lage alles andere als rosig. Mit wenigen Ausnahmen befinde sich die Zivilgesellschaft zurzeit noch in einem «embryonalen Stadium», erklärte etwa die algerische Journalistin Hafida Ameyar im Jahr 2005. Genaugenommen gebe es in Algerien drei Kategorien von Organisationen. Erstens die so genannten «Massenorganisationen», die bereits zur Zeit der Einheitspartei existiert hatten – etwa die «Union der algerischen Frauen». Diese Organisationen seien nicht wirklich unabhängig, sondern vielmehr Instrumente im Dienst der Machthaber. Zur zweiten Kategorie rechnet Ameyar Krebsligen und Verbände mit vergleichbaren Zielsetzungen. Diese funktionierten recht gut, erhielten häufig staatliche Subventionen und dürften auch sonst auf staatliches Wohlwollen zählen.

Nicht so die dritte Kategorie von Organisationen, die bewusst auf ihre Unabhängigkeit vom staatlichen Machtapparat pochten. Sie seien nicht offiziell anerkannt, sondern bloss geduldet, hätten mit zahlreichen Schwierigkeiten zu kämpfen und erhielten keinerlei Subventionen. Einige dieser unabhängigen Organisationen, so die Beobachtung von Hafida Ameyar, seien aber in den vergangenen Jahren von regierungsnahen Kreisen angegangen und mittels Geldgeschenken, Auslandreisen oder Stellenangeboten «korrumpiert» worden. Sie hätten dadurch ihre Unabhängigkeit verloren, seien zu «Pseudo-NGOs» geworden und müssten genaugenommen zur Klientel der gegenwärtigen Machthaber gerechnet werden. Diese Einschätzung aus dem Jahr 2005 dürfte auch heute in groben Zügen noch zutreffen.

Den weitaus grössten Spielraum genossen und geniessen aber unabhängige Organisationen und Verbände in Marokko. «Marokko ist das Land in der Region, in dem die Autokratie der Zivilgesellschaft den meisten Raum lässt», schrieben etwa die tunesische Menschenrechtsaktivistin, Sihem Bensedrine, und ihr Ehemann, Omar Mestiri, in ihrem Buch «Despoten vor Europas Haustür» (Bensedrine & Mestiri, 2005). Dieser Freiraum werde allerdings durch «rote Linien», die nicht überschritten werden dürfen, unmissverständlich eingegrenzt. Auch diese Einschätzung ist im Wesentlichen immer noch gültig.

Dennoch: In Marokko haben eine Reihe von NGOs – allen voran Frauen- und Berber-Organisationen – seit Mitte der Neunzigerjahre ein beachtliches Gewicht erhalten. Aus dem kulturellen Leben des Landes sind sie nicht mehr wegzudenken, und ihre Stimme hat zunehmend Gewicht; das Ende 2003 verabschiedete neue Familien- und Frauenrecht hätte sich ohne die beharrliche Arbeit von zahlreichen Frauenorganisationen kaum durchsetzen lassen. Dahinter stehe die Einsicht des Königs, analysiert eine Beobachterin, dass Marokko seine gewaltigen Probleme und seinen Rückstand in vielen Bereichen nur mit Hilfe der Zivilgesellschaft und ihren Organisationen wirkungsvoll angehen könne. Die Zivilgesellschaft erhalte dadurch einen Teil der Verantwortung aufgebürdet, werde aber gleichzeitig auch gestärkt. – Der Begriff des «Citoyen», des Staatsbürgers, der seine Rechte einfordert, sich aber auch aktiv um die Lösung von gesellschaftlichen Problemen bemüht, ist für den gesamten Maghreb auf jeden Fall ein neues Konzept, das nur langsam demjenigen des Klienten beziehungsweise Untertanen weicht. Der Zivilgesellschaft im Maghreb steht noch ein weiter Weg bevor.

Dass sich die Zivilgesellschaft ausgerechnet im monarchistischen Marokko am besten entfalten konnte, entbehrt nicht einer gewissen Ironie. Für viele tunesische NGO-Aktivisten und -Aktivistinnen war dies eine bittere Erkenntnis. «Früher waren wir im Maghreb die Vorreiter in diesem Bereich», sagte LTDH-Präsident Trifi gegenüber dem Autor im Jahr 2005. «Wir haben in den Neunzigerjahren den Marokkanern geholfen, eigene Menschenrechtsorganisationen zu gründen.» Doch Tunesien sei zurückgefallen, und es werde Jahre brauchen, um diesen Rückstand wieder aufzuholen.

Die Rolle der Zivilgesellschaft bei den Revolutionen in Tunesien und Libyen

Die Revolution in Tunesien hat nun die Verhältnisse grundlegend verändert. Mit Bewunderung blickte der Maghreb und die gesamte arabische Welt auf das kleine Land, welches das «Wunder» fertiggebracht hatte, einen vom Westen unterstützten Herrscher, der über einen gefürchteten Sicherheitsapparat und gut ausgebaute Geheimdienste verfügte, zu vertreiben und dessen Machtapparat weitgehend zu zerstören.

Die Frage, welche Rolle zivilgesellschaftliche Organisationen bei den Aufständen im Dezember 2010 und vor allem bei der Vertreibung Ben Alis gespielt hatten, ist allerdings nicht einfach zu beantworten. Die Ereignisse um die Flucht Ben Alis sind noch längst nicht in allen Aspekten geklärt, und viele Fragen sind offen.

Einige zentrale Punkte lassen sich aber schon heute festhalten. Sie können hier bloss stichwortartig aufgeführt werden:

– Der Auslöser der Aufstände in Tunesien war der Selbstmord eines jungen Strassenhändlers, Mohamed Bouazizi, der mittlerweile zu einer Ikone der Revolution geworden ist. Sein Selbstmord hätte aber kaum je die Wirkung entfalten können ohne die Streiks, die seit 2008 in der Region von Gafsa stattgefunden hatten. Hinter diesen Streiks steckten aber neben bloss regional verankerten Organisationen auch landesweit tätige Gewerkschaften wie die UGTT (Union Générale des Travailleurs Tunisiens).
– Andere Nichtregierungsorganisationen – etwa die tunesische Menschenrechtsliga LTDH oder die Organisation der arbeitslosen Universitätsabgänger – spielten eine zentrale Rolle, als es darum ging, die revolutionäre Bewegung vom Hinterland in die grossen Städte und in die Hauptstadt Tunis zu tragen.
– Eine wichtige Rolle spielten auch einzelne Berufsverbände, die sich aufgrund der blutigen Repression teilweise oder vollständig vom Regime Ben Ali losgelöst hatten und die Widerstandsbewegung unterstützten.
– Auch oppositionelle Parteien und Gruppierungen – etwa der Conseil National pour les Libertés en Tunisie CNLT – spielten eine wichtige Rolle bei der Organisation des Widerstands gegen Ben Ali.

Ohne all diese Organisationen hätte der Kampf gegen das Regime Ben Ali kaum zu einem erfolgreichen Ende geführt werden können. Dennoch ist festzuhalten, dass die wirklich entscheidende Rolle vermutlich zwei anderen Akteuren zufällt. Es sind dies zum einen die mehrheitlich sehr jungen Menschen, die bereit waren, im entscheidenden Moment auf die Strasse zu gehen und die dabei ihr Leben riskierten. Diese jungen Menschen gehörten unseres heutigen Wissens in den meisten Fällen keiner (Jugend-)Organisation an. Ihre Aktionen waren vielmehr weitgehend spontane Äusserungen einer tief sitzenden Frustration und Verzweiflung, die sie dazu antrieb, ihr Leben zu riskieren.

Von grösster Bedeutung war schliesslich die Haltung der Armee gegenüber den Aufständischen. Die Armeeleitung stellte schon bald klar, dass sie nicht bereit war, die Volksaufstände mit militärischen Mitteln zu unterdrücken. Ohne diese klare Parteinahme wäre es dem Regime Ben Ali vermutlich gelungen, die Revolten blutig zu unterdrücken.

Es ist an dieser Stelle nicht möglich, die Situation in Libyen näher zu beleuchten, dem anderen Maghrebland, in dem die Aufständischen das Regime stürzen konnten. Es lässt sich aber festhalten, dass sich die Zivilgesellschaft in Libyen unter dem Ghadhafi-Regime kaum entwickeln und demzufolge auch keine wichtige Rolle bei den Aufständen spielen konnte.

Ausblick und offene Fragen

So schwierig die Frage zu beantworten ist, welche Rolle die zivilgesellschaftlichen Organisationen bei den Revolutionen im Maghreb gespielt haben, so klar ist, dass sie für den Aufbau wahrhaft demokratischer Gesellschaften eine zentrale Rolle spielen werden. Allein diese Organisationen verfügen zurzeit über das Potenzial und die Erfahrung, um von patriarchalen Traditionen und autoritären Regierungsformen geprägte Gesellschaften von der Basis her zu demokratisieren. Dabei müssen viele Hindernisse überwunden werden, und ein (teilweises) Scheitern ist ein mögliches Szenario. Unterstützung und Hilfestellung durch westliche Staaten könnten dabei eine wichtige Rolle spielen.

Bei diesem Transformationsprozess werden aller Voraussicht nach islamistische Organisationen eine bedeutende Rolle spielen. Noch ist völlig offen, ob sich diese Organisationen und Parteien in ihrer Mehrheit zu demokratischen Prinzipien bekennen werden. Doch der Westen hat wohl keine andere Wahl, als diesen Organisationen vorderhand mit einer vorsichtig positiven Grundhaltung zu begegnen, auch wenn diese die maghrebinischen Gesellschaften stärker islamisieren wollen. Denn schliesslich entscheiden die Menschen im Maghreb eigenständig, wie ihre Länder in Zukunft aussehen sollen.

Quelle

Bensedrine, Sihem & Mestiri, Omar (2005). *Despoten vor Europas Haustür. Warum der Sicherheitswahn den Extremismus schürt*. München: Verlag Antje Kunstmann.

Egypt's revolution and civil society

Sarah Sabry
Sozialwissenschaftlerin

49
Assaad & Barsoum, 2007

50
Trego, 2011

51
Bassiouny & Said, 2008

52
World Bank & Ministry of Economic Development, 2007

53
Sabry, 2010

54
Sabry, 2009

55
Séjourné, 2009

56
Denis, 2006

57
Joffé, 2011

58
Ali, 2012

59
CIVICUS, 2005

This presentation provided a brief background of the reasons behind the Egyptian revolution, an overview of various civil society organisations in Egypt and their role in the revolution.

The Egyptian revolution: a brief background

Egypt's revolution was the second to start after Tunisia's Jasmine Revolution. The reasons behind Arab revolutions have much in common. While reasons can be analysed in hindsight, none of the revolutions were predicted. In Egypt, it was clear that change had to happen, but that a revolution would take place was inconceivable. The main slogans of the Egyptian revolution summarise very succinctly people's most significant grievances: «The people want to bring down the regime», «Bread, freedom, human dignity» and «Change, freedom, social justice».

Egypt's revolution took place due to economic, social and political reasons. Unemployment, especially youth unemployment, has been extremely high. In 2006, 1.6 million Egyptian youth aged 15 to 29, mostly educated, were unemployed.[49] Inflation over the last few years, especially with the global food and economic crisis, has skyrocketed.[50] Real wages have severely declined.[51] Around 42 per cent of Egyptians were considered poor in 2007, according to the World Bank.[52] Moreover, such high poverty rates probably underestimate poverty because poverty lines are set too low to factor in the cost of basic needs.[53] Inequality has been visibly rising in Egypt over the past few decades. On the one extreme, over 1,000 slums/informal areas have emerged.[54] In Greater Cairo, more than 65 per cent of the city's population is estimated to live in informal and unplanned areas.[55] On the other extreme, over the past ten years there has been a proliferation of gated communities with golf courses and private swimming pools.[56] Corruption has been widespread. It has been particularly evident in the privatisation of state-owned enterprises and in the sale of land at knockdown prices to businessmen close to the regime. Other reasons included Mubarak's rule for 30 years and evidence that he was grooming his son to take over, widespread police brutality, the ongoing emergency law which has been in operation since 1981, oppression of civil society organisations and widespread election fraud, most recently in the parliamentary elections of November 2010.

Specific events also acted as catalysts. The most important was the Tunisian revolution. It was the key inspiration and catalyst. The death of Khaled Said was another catalyst. In June 2010, this young 28-year-old was dragged out of an internet café in Alexandria by two security agents and beaten to death. Images of his disfigured face widely circulated and inspired the creation of a Facebook page called «We are all Khaled Said».[57] This page, followed by over 1.5 million people today, was central to the initial mobilisation of the revolution. A growing scale of protests over the last few years also contributed to the success of the revolution. They built up practice in demonstrating and broke the barrier of fear in organising mass protests. There have been protests for almost everything: over bread, lack of drinking water, shortage of butane cylinders, over sectarian violence incidents such as the burning of churches that went unpunished, the Iraq War, Palestine, judges for judicial independence, among many others.[58] Labour protests have been a significant part of protests which have taken place. They will be discussed in more detail in the section on the labour movement.

Various other factors facilitated the success of the mass mobilisations in early 2011: Al Jazeera which provided coverage of events as they happened in contrast to state-owned TV which did not, internet and social media which facilitated connecting people and citizen journalism (especially Facebook, Twitter and YouTube) and the organising of mass demonstrations after Friday prayers when people regularly assemble.

Civil society and the revolution

Civil society in Egypt includes a diverse range of organisations: NGOs, professional and labour unions, cooperatives, clubs and youth centres.[59] This section discusses NGOs because they are the largest subset of civil society organisations. It also discusses human rights organisations and professional and labour unions because some played significant roles in the revolution.

Non-governmental organisations (NGOs)

Over 30,000 of Egypt's 45,000 civil society organisations are NGOs.[60] While this figure seems large, the Ministry of Social Affairs which supervises their work states that around 70 per cent are inactive.[61] Most NGOs, around 70 per cent in 2007, are in urban areas, predominantly in larger cities, especially Cairo and Alexandria.[62] While they are an extremely diverse set of organisations, their dominant character is service provision and religious charity.[63]

NGOs in Egypt are regulated by a restrictive law. The law allows the government too much control, especially of Western-funded organisations which engage in advocacy or human rights work.[64] Moreover, state security has also played a dominant role in monitoring and harassing NGOs, especially those which deal with human rights and political issues.[65] The government has generally favoured and privileged charitable service delivery organisations.[66]

In recent years, the number of NGOs has phenomenally increased. Those of charitable nature have been encouraged by the government because it has been trying to reduce its role in welfare provision in line with neo-liberal policies. Part of this growth has included Islamic NGOs, which have significantly grown since the 1980s.[67] For example, one of the largest Islamic NGOs, al-gam`iyya al-shar`iyya, runs 6,000 mosques today.[68] Islamic NGOs have been encouraged as long as they do not get directly involved in politics. In reality, their actual links with political Islam are unclear. Some scholars find that they are mostly apolitical.[69] Others find that they are some of the key spaces where the Islamic Movement has grown and penetrated society.[70] While they might not directly be linked to political Islam, they are engaged in a process of Islamisation from below. This process involves changing the cultural landscape, making people more religious and separating between genders. Such changes are considered by some scholars as paving the way for political Islam.[71] Funding for Islamic NGOs is mostly from charitable donations from Egyptians and from oil-rich Arab countries.

Research about NGOs is divided. They have been described as authoritarian, non-democratic, lacking transparency and accountability, dominated by men and in desperate need of institutional development.[72] Others have celebrated them, especially due to their large service delivery roles.[73] In relation to the revolution, NGOs have had no significant role.[74]

Human rights organisations (HROs)

Some human rights organisations are registered as NGOs. Others are registered as civil companies or as law firms in order to avoid the restrictive legislation governing NGOs.[75] Human rights organisations in Egypt are mostly quite young. Some were established in the 1980s but most were established in more recent years. Over time the human rights community has become more diverse and has come to address a broader range of rights. More recently some organisations have addressed problematic issues such as freedom of religion, sexual rights and minimum wages. Human rights organisations mostly work in the areas of monitoring, documentation, reporting and advocacy. Their approach to work has been reformist rather than revolutionary; they have mostly focused on incremental changes to achieve human rights based on changing legislation.[76]

HROs suffer from a number of weaknesses. They are elitist and disconnected from the public because they lack a local membership base and are more focused on international players. The restrictive NGO law is partially to blame. It has made organisations avoid having wide membership for fear of being infiltrated by state security. The main audience of HROs in Egypt is the educated and interested elite, a very tiny proportion of society.[77] Their reliance on foreign/ Western donors has caused them huge legitimacy issues. They have always had a problematic relationship with the government, especially those who successfully engage in advocacy work on sensitive issues such as police brutality. Like NGOs, they are institutionally weak; most revolve around one specific individual.

HROs have had an indirect role in the revolution. Their main contribution was bringing human rights issues into the public domain. For example, the Khaled Said torture case and election fraud were originally exposed by human rights organisations. During the initial days of the protests they also collaborated to document human rights abuses in order to hold those responsible for them to account. This included going to the morgues and counting the dead and injured in order to provide facts. They issued powerful joint statements which received wide media coverage. They have documented cases of civilians referred to military courts and they have participated in landmark court cases such as the famous case of Samira Ibrahim's virginity tests.

Since the start of the revolution they have been increasingly delegitimised in state-owned media and by the SCAF as having foreign agendas which are not in Egypt's interests. Offices of some were raided and specific individuals have been labelled as traitors and accused of making massive profits out of their organisations. Their reliance on foreign funding has left them vulnerable to such attacks and the issues they expose make them an ongoing target of attack by the government.

Labour movement

The labour movement has played and continues to play a significant role in the revolution. During Mubarak's era, the movement was dominated by the regime. Heads of professional unions worked in the interests of the regime and not the workers they represented. Their heads were part of the regime and they thus had little legitimacy. They supported policies such as privatisation, laying off workers and the transformation of health and education into commodities. Many were considered to be an extension of the state and their members were always in conflict with their management.[78] In recent years, dozens of independent, parallel labour organisations emerged and they were key participants in the revolution.

Labour protests have grown phenomenally over the past decade. In 2006, 222 labour protests were documented. In 2007, this figure increased to 692. Everyone was protesting. Protests were mainly to demand higher wages as workers' real wages declined severely in relation to the phenomenal inflation. Teachers, educational administrators, university professors, doctors, nurses, paramedics, health insurance employees, railroad and metro workers, property tax collectors, Al-Azhar staff and navigators of the Suez Canal Authority were just a few of those who protested.[79] These labour protests have led to many victories for labour. With every success there was more mobilisation and protests became more creative, engaging families of the workers and using the internet.[80]

Since 25 January, labour strikes have continued and new unions are being established. For the first time, a farmer's union has come to exist. While the labour movement continues to achieve many victories, its main weakness is that it still mostly represents formal organised labour while the majority of Egyptians, especially the poor, work in the informal economy.

New civil society actors?

A number of new and atypical actors have emerged in recent years which have greatly contributed to the revolution. They include Kefaya, 6 April, we are all Khaled Said and various groups which have emerged to support Mohamed ElBaradei.[81] Many of these groups include significant youth membership and they were central to organising the protests of 25 January 2011. Can these be considered civil society organisations? April 6 is a movement which emerged in solidarity with the workers of Mahalla. They supported a major strike on April 6 2008 in the industrial town of al-Mahalla al-kubra by asking people to stay at home and not go to work. This group brought together workers and youth and spread information about resistance throughout the country.[82] They mainly organised themselves through a popular Facebook group, which had 70,000 members on 25 January 2011.[83] April 6 has branches in 24 governorates and is not affiliated to any political party or ideology. Because this group has been central to the ongoing pressure on the regime and the SCAF, they have been experiencing a systematic attack and been labelled as traitors aiming to destabilise the country. Kefaya (enough) is another important actor. It emerged in 2004 and has been central to political change in Egypt in recent years.[84]

Going forward: challenges and uncertainties

There are a number uncertainties and challenges facing the revolution. One cannot predict how they will unfold or what role civil society will play in affecting these varied issues. How will the re-emergence of the beneficiaries of the old regime be confronted? How will the police force be reformed? How much power will the army hand over to the new government? How will underrepresented groups in parliament, most notably women, Copts and the youth who triggered the revolution, find ways to affect policies? How will the Islamist domination of parliament affect various issues going forward? While parliamentary elections have taken place and presidential elections were expected to take place in May 2012, other central demands of the revolution remain unfulfilled, as a quick review of the revolution's main slogan shows.

References

- Abd al-Fattah, N., Ed. (1995). *Taqrīr al-hāla al-dīniyya fī Misr (The Report on the State of Religion in Egypt: First report) [in Arabic]*. Cairo: Al Ahram Center for Political and Strategic Studies.
- Abd el Wahab, A. (2012). The January 25th Uprisings: *Through or in Spite of Civil Society?* IDS Bulletin, 43 (1): 71–77.
- Abdelrahman, M. M. (2004). *Civil Society Exposed: The Politics of NGOs in Egypt*. Cairo: The American University in Cairo Press.
- Ali, K. (2012). Precursors of the Egyptian Revolution. IDS Bulletin 43 (1): 16–25.
- Assaad, R.; G. Barsoum (2007). *Youth Exclusion in Egypt: In Search of "Second Chances"*. Working paper.Wolfensohn Center for Development at Brookings and Dubai School of Government.
- Bassiouny, M.; O. Said (2008). A new workers' movement: the strike wave of 2007. *International Socialism*, (118).
- Ben Nefissa, S. (1995). *The geographical and temporal map of NGOs in Egypt* (Al-kharīta al-zamāniyya wal-makāniyya lil-gam'iyyāt al-'ahliyya fī Misr). Al-gam'iyyāt al-'ahliyya fī Misr (NGOs in Egypt) [in Arabic]. In S. Ben Nefissa & A. Kandil (eds.), (85–236).Cairo Al Ahram Center for Political and Strategic Studies.
- CIVICUS (2005). *An Overview of Civil Society in Egypt: Civil Society Index Report for the Arab Republic of Egypt*. Cairo: Center for Development Services.
- Denis, E. (2006). Cairo as Neo-Liberal Capital? From Walled City to Gated Communities. D. Singerman and P. Amar (eds.), *Cairo Cosmopolitan: Politics, Culture, and Urban Space in the New Middle East*. Cairo, New York: The American University in Cairo Press.
- El Naggar, M. H. (2012). Human Rights Organisations and the Egyptian Revolution. *IDS Bulletin*, 43 (1), 78–86.
- Ezbawy, Y. A. (2012). *The Role of the Youth's New Protest Movements in the January 25th Revolution*. IDS Bulletin, 43 (1), 26–36.
- Joffé, G. (2011). *The Arab Spring in North Africa: origins and prospects*. The Journal of North African Studies, 16 (4), 507–532.
- Sabry, S. (2009). Egypt's Informal Areas: Inaccurate and Contradictory Data. Cairo's Informal Areas Between Urban Challenges and Hidden Potentials – Facts. Voices. Visions. GTZ Participatory Development Programme in Urban Areas [PDP]. Cairo: GTZ: 29–33.
- Sabry, S. (2010). How poverty is underestimated in Greater Cairo, Egypt. *Environment and Urbanization*, 22 (2), 523–541.
- Séjourné, M. (2009). The History of Informal Settlements. Cairo's Informal Areas Between Urban Challenges and Hidden Potentials – Facts. Voices. Visions. GTZ Participatory Development Programme in Urban Areas [PDP]. Cairo: GTZ: 17–19.
- Shorbagy, M. (2007). The Egyptian Movement for Change – Kefaya: Redefining Politics in Egypt. *Public Culture, 19* (1), 175–196.
- Shukr, A.-G. (2005). Islamic NGOs and the Development of Democracy in Egypt. In S. Ben Nefissa, N. Abd al-Fattah, S. Hanafi & C. Milani (eds.), *NGOs and Governance in the Arab World (151–165)*. Cairo: The American University in Cairo Press.
- Shukr, A.-G.; A. Abdal-Khaliq et al. (2001). *al-gam'iyyāt al-'ahliyya al-Islāmiyya fī Misr (Islamic NGOs in Egypt) [in Arabic]*. Cairo: Dar al-Amin and Arab African Research Centre.
- Siyam, I. (2001). Al-Haraka al-Islamiyya wa al-Gam'iyyat al-Ahliyya fi Misr (The Islamic Movement and Islamic NGOs in Egypt). In A.-G. S. Shukr (ed.), *al-gam'iyyāt al-'ahliyya al-Islāmiyya fī Misr (Islamic NGOs in Egypt) [in Arabic]* (73–150). Cairo: Dar al-Amin and Arab African Research Centre.
- Sullivan, D. J. (1994). *Private Voluntary Organizations in Egypt: Islamic Development, Private Initiative, and State Control*. Gainesville: University Press of Florida.
- Trego, R. (2011). The functioning of the Egyptian food-subsidy system during food-price shocks. *Development in Practice, 21* (4–5), 666–678.

- UNDP Egypt & INP (2008). *Egypt Human Development Report 2008: Egypt's Social Contract – The Role of Civil Society.* Cairo: UNDP and Institute of National Planning.
- Wickham, C. R. (2002). *Mobilizing Islam: Religion, Activism, and Political Change in Egypt.* New York, Chichester, West Sussex: Columbia University Press.
- World Bank and Ministry of Economic Development (2007). *Arab Republic of Egypt: A Poverty Assessment Update.* Report No. 39885. EGT, World Bank.

Electronic references

www.alshareyah.com

Braucht es heute noch zivilgesellschaftliches Engagement?

Cédric Wermuth
Nationalrat

Bevor wir uns der Frage widmen, ob wir heute noch zivilgesellschaftliches Engagement leisten sollen, müssen wir uns zuerst kurz über den Begriff an sich unterhalten.

Der Begriff des «zivilgesellschaftlichen Engagements» besteht aus drei Komponenten: dem Zivilen, der Gesellschaft und dem Engagement. Mit dem Verweis auf das «Zivile» ist die bürgerliche, eben zivilisierte Gesellschaft gemeint. Sie versteht sich in klarer Abgrenzung zu autoritären, feudalen oder naturrechtlichen Gesellschaften. In diesem Sinne bedeutet die Zivilisierung der Gesellschaft die kollektive Einigung auf gewisse allgemeine Freiheitsrechte und Demokratie. Wenn wir von «Gesellschaft» sprechen, transportieren wir eine ganze Ladung von mitschwingenden Bedeutungen. Überhaupt stellen wir uns auf den Standpunkt, dass es so etwas wie Gesellschaft, also etwas mehr als die schiere Summe von Individuen, per se gibt. Diese Annahme, so banal sie hier klingen mag, ist alles andere als unumstritten. Spätestens seit Margret Thatcher 1987 den berühmten Satz «there is no such thing as society» geprägt hat, ist es in Mode gekommen, das Konzept der Gesellschaft in Frage zu stellen. Wenn ich in einer Gesellschaft etwas fordere, erkämpfe, beschliesse oder schlicht tue, anerkenne ich eine Drittwirkung. Eine rein egoistische Handlung ist somit deutlich vom Konzept des (Zivil-)Gesellschaftlichen abzugrenzen. Ob vor diesem Hintergrund nicht einem Grossteil unserer Politik und der Wissenschaft das «Gesellschaftliche» abgesprochen werden müsste, soll weiter unten noch Thema sein. Auch will ich explizit vermeiden, jegliches kollektives Hinwirken auf einen gesellschaftlichen Effekt als im Konzept des «zivilgesellschaftlichen Engagements» enthalten wissen. Die drei Teilkonzepte sind nicht trennbar. Ein Engagement, das zwar auf eine Veränderung in der Gesellschaft abzielt, aber nicht deren Zivilisierung im definierten Sinne zum Ziel hat – beispielsweise Gruppen zur Förderung der Folklore als harmloses Beispiel oder faschistische Gruppierungen als Extrembeispiel –, darf nicht mitgemeint sein. Kritisch könnte man hier einwenden, dass mit dieser Einengung nur bezweckt werde, das Konzept des zivilgesellschaftlichen Engagements mit dieser Argumentation quasi von links zu pachten. Nun, dagegen würde ich mich nicht einmal wehren. Vielmehr werde ich versuchen, im Folgenden genau das auch zu untermauern – sobald wir das Konzept abschliessend definiert haben.

Als dritte Komponente beinhaltet das zivilgesellschaftliche Engagement das «Engagement». Dieses ist etwas schwieriger abzugrenzen: Ab wann können wir von Engagement sprechen? Ist ein kritischer Soziologe bereits engagiert? Reicht es, in Studiensälen über das Elend der Welt zu debattieren? Oder wird er es erst, wenn er seine Erkenntnisse politisch nutzt? Ist die Sozialarbeiterin engagiert? Marx, wahrscheinlich einer der ersten Theoretiker, der das Phänomen und die Bedingungen des Zivilgesellschaftlichen untersucht hat (freilich noch ohne es so zu nennen), hat die Frage in den Thesen zu Feuerbach folgendermassen beantwortet: «Die Philosophen haben die Welt nur verschieden interpretiert. Es kommt darauf an, sie zu verändern.»[85] Das ist allerdings nicht gegen die Philosophie zu verstehen. Aber das Engagement hat eine deutliche Handlungskomponente, die uns, als Wissenschaftler, als Studentinnen, als Bürger zwingt, unsere theoretischen Erkenntnisse praktisch anzuwenden.

Die Französische Revolution als Mutter allen zivilgesellschaftlichen Engagements
So umrissen dürfen wir – etwas vereinfacht – wohl die Französische Revolution von 1789 als eine Art Sinnbild oder Prototyp für das verwenden, was wir unter zivilgesellschaftlichem Engagement verstehen. Es ist der Moment, in dem das passiert, was Zizek nach Rancière «eigentlich Politik» nennt.[86] Eine Gruppe von Subalternen, die sich erhebt (Engagement) und beginnt, ihre eigenen Forderungen als Forderungen für alle (Gesellschaft) auf gleicher Höhe mit den bisher hierarchisch übergeordneten Klassen (hier Stände) zu formulieren (Zivil). Die Französische Revolution war im Grunde genommen eine Antwort auf zwei Probleme: einerseits auf eine massive Verknappung des Angebots an Mehl und Brot und einer entsprechenden Preisexplosion (Mehlkriege), und anderseits auf einen gesellschaftlichen Überbau, der den Realitäten und der Zugkraft neuer Ideen nicht mehr Stand zu halten vermochte. Der französische Absolutismus predigte in der Tat ein aus heutiger Sicht krudes Weltbild, dass die zivilisierte Welt nur durch die starke Hand des allmächtigen absoluten Souveräns zusammengehalten werde, und dass diese absolute Macht irgendwie in den Gesetzen der Natur liege und von Gott direkt so gewollt sei.

---

[85] Marx, 1845

[86] Zizek, 2009

Wenn wir uns also heute die Frage stellen, ob es noch Gründe gibt für gesellschaftliches Engagement, so sollten wir uns zwei Fragen stellen: Gibt es objektive Probleme, die wir lösen können und müssen, und sollen wir heute noch gegen krude Weltbilder, Ideologien und Machtstrukturen ankämpfen? Könnten wir die beiden Fragen aus einem globalen Blickwinkel verneinen, so lebte die Menschheit heute im Paradies. Davon sind wir aber leider relativ weit entfernt.

Die Welt ist (k)eine Insel
Ich möchte die nachfolgenden Betrachtungen mit einem kleinen Gedankenexperiment beginnen. Stellen Sie sich vor, Sie machen eine Kreuzfahrt. Unterwegs rammt ihr Schiff einen Eisberg oder ein Riff und geht unter. Sie können sich mit einer Gruppe von 99 anderen Personen auf eine einsame Insel retten. In der Gruppe hat es Passagiere aus allen Klassen: Frauen, Männer, Kinder, Behinderte, Bauarbeiter sowie Millionärinnen. Einige Leute konnten eine noch unbestimmte Menge an Material und Nahrungsmittel retten. Nachdem sich Ihre Gruppe langsam vom Schock erholt hat, sitzen Sie nun am Strand beisammen. Was ist die erste Frage, die Ihre Gruppe nun klären muss? Die erste Frage ist, wer in Zukunft nach welchen Regeln für oder mit der Gruppe entscheidet, wie es weitergeht.

Eine erste Person schlägt vor, sie sollten jetzt alle zusammensitzen und sich die Zeit nehmen, die nächsten Schritte ausführlich auszudiskutieren. Und zwar so lange, bis alle (oder zumindest eine grosse Mehrheit) einverstanden sind. Eine zweite Person entgegnet daraufhin, das sei ineffizienter Blödsinn. In einer solchen Krisensituation könne man nun mal einfach nicht alles mit allen besprechen und überhaupt: Jeder und jede solle für sich selber schauen. Alle könnten sowieso nicht überleben, dann solle man die Starken nicht noch mit den Schwachen in den Abgrund ziehen. Sowieso setzen sich auf diese Weise die innovativsten Ideen im Wettbewerb durch. Ironisch könnten wir nun die Frage anfügen, wie lange es wohl dauert, bis sich die zweite Person mit ihrem doch eher absurd anmutenden Vorschlag eine saftige Ohrfeige einfangen wird.

Das Beispiel mag auf den ersten Blick extrem erscheinen, gar absurd. Aber leider hat der Zustand unserer Welt mehr mit dieser Krisensituation auf der Insel zu tun als uns lieb sein kann. Ein Blick auf einige Zahlen macht dies deutlich:

– Gegen eine Milliarde Menschen leiden gegenwärtig an Hunger. Nach einigen Jahren des Rückgangs steigt die Zahl der Hungernden seit der Bankenkrise wieder an. Etwa 13,5 Millionen Menschen sterben jedes Jahr an den direkten Folgen des Hungers. Alle fünf Sekunden trifft es ein Kind unter zehn Jahren. Statistisch gesehen sterben damit jeden Tag 37'000 Menschen an Hunger. Mehr als im Durchschnitt an jedem Tag des Zweiten Weltkriegs.[87] Hunger betrifft im Übrigen nicht einfach die «Dritte Welt». Aktuell sind in den USA 46,3 Millionen Menschen auf Nahrungsmittelhilfen angewiesen – etwas mehr als 15 Prozent der Bevölkerung.[88] Skandalöserweise landen gleichzeitig in Europa und Amerika geschätzte 30 bis 50 Prozent aller Nahrungsmittel unverbraucht im Abfall (food waste). Und die UNO-Welternährungsorganisation FAO schätzt sogar, dass die heutige Landwirtschaft und Industrie im Stande wären, 12 Milliarden Menschen zu ernähren.
– Eine weitere Milliarde Menschen haben keinen Zugang zu sauberem Trinkwasser. 2.5 Milliarden Menschen haben keine sanitären Einrichtungen.
– 25 Prozent der Weltbevölkerung müssen mit weniger als 1,25 US-Dollar am Tag auskommen, 40 Prozent mit weniger als 2 US-Dollar.
– Gleichzeitig besitzen die reichsten zehn Prozent der Bevölkerung 85 Prozent des weltweiten Vermögens, das reichste eine Prozent der Bevölkerung besass im Jahr 2000 bereits 40 Prozent, die ärmsten 50 Prozent kommen gemeinsam auf knapp ein Prozent.[89]
– Je nach Schätzungen leben weltweit zwischen 12 und 30 Millionen Menschen als Sklaven. 218 Millionen Kinder leisten Kinderarbeit.
– Weltweit sind aktuell unter anderem als Folge dieser krassen Armut und Ungleichheiten (dazu kommen über 150 bewaffnete Konflikte[90]) gegen 43 Millionen Menschen auf der Flucht. Drei Viertel von ihnen befinden sich in Entwicklungsländern.[91]

Der erste Einwand zum Vergleich der Realität mit dem Inselbeispiel liegt auf der Hand: Auf der Insel ist die Gruppe alleine. Wir hingegen helfen. Wir leisten Entwicklungszusammenarbeit. Das stimmt, die Frage ist nur, in welchem Ausmass wir das tun. Die der OECD und dem DAC (Development Assistance Committee) angeschlossenen Staaten wenden heute gerade mal knapp

---

[87] United Nations, 2011. Auch nachfolgende Zahlen sind diesem Bericht entnommen.

[88] Supplemental Nutrition Assistance Program [SNAP], 2012. Vgl. www.fns.usda.gov/snap

[89] World Institute for Development Economics Research, 2006. Vgl. www.wider.unu.edu/events/past-events/2006-events/en_GB/05-12-2006/

[90] Heidelberger Institut für Internationale Konfliktforschung [HIIK], 2011. Vgl. www.hiik.de

[91] UN Millenium Development Goals Report, 2011

0,3 Prozent ihres Bruttonationaleinkommens für die offizielle Entwicklungszusammenarbeit (Official Development Assistance ODA) auf – der Anteil blieb im Trend seit 1990 stabil.[92] Die Schweiz leistet aktuell etwa 2,4 Milliarden Franken an Entwicklungszusammenarbeit. Damit erreicht sie 0,4 Prozent des BNE – allerdings nur, weil wir seit ein paar Jahren die Leistungen an Asylsuchende im ersten Jahr an die EZA anrechnen (etwa 16 Prozent der Gesamtleistungen). Überhaupt fällt die Langzeitbilanz der internationalen Entwicklungszusammenarbeit wenig schmeichelhaft aus: Rechnet man die gesamten an Länder auf dem afrikanischen Kontinent geleisteten ODA-Zahlungen zwischen 1970 und 2012 auf, kommt man auf einen Betrag von etwa 484 Milliarden US-Dollar.[93] Das klingt nach viel. Allerdings schätzt das Tax Justice Network alleine den Fluss von Kapital aus afrikanischen Ländern in den Norden zwischen 1970 und 2004 (Unternehmensgewinne, Steuerflucht, Schwarzgelder usw.) auf 607 Milliarden US-Dollar plus 227 Milliarden Schuldendienste.[94]

Ob wir das wahrhaben wollen oder nicht: Unser Planet gleicht der Insel mit den gestrandeten Passagieren deutlich mehr als uns lieb sein kann.

Und die Schweiz?

Natürlich geht es einem Teil der Weltbevölkerung vergleichsweise gut, ja sehr gut sogar. Zum Beispiel wir hier in der Schweiz; wir leben im Wohlstand, in Sicherheit und können uns im Notfall noch immer auf unsere Sozialwerke und eine so weit funktionierende Demokratie verlassen. Aber auch hierzulande nimmt die Ungleichheit krasse Züge an.

Der Credit Suisse Global Wealth Report – eine unverdächtige Quelle – rechnet vor, dass im Jahr 2010 die Schweizerinnen und Schweizer über ein Pro-Kopf-Vermögen von 373'000 Franken verfügten: Weltrekord. Nimmt man allerdings aus der gleichen Studie den verteilungspolitisch viel aussagekräftigeren Medianwert, kommen wir noch auf 42'000 Franken. Hinter den USA (48'000 Franken), Deutschland (59'000), Frankreich (67'000), Italien (116'000) oder Australien (124'000). Das reichste Prozent besitzt gemäss der Studie einen sagenhaften Vermögensanteil von 59 Prozent, gleich nach Singapur (68 Prozent) der höchste Wert weltweit. Das Wirtschaftsmagazin Bilanz berechnet jedes Jahr eine Liste der 300 reichsten Einwohnerinnen und Einwohner der Schweiz. Diese besassen 2009 ein Gesamtvermögen von 450 Milliarden Schweizer Franken, 2011 waren es 480 Milliarden – mitten in der weltweiten Krise notabene.[95] Stossend sind solche Vermögenskonzentrationen vor allem deshalb, weil die Gewerkschaften davon ausgehen, dass weiterhin etwa 400'000 Menschen in der Schweiz für weniger als 3'500 Franken im Monat arbeiten. Das Hilfswerk Caritas rechnet damit, dass jede zehnte Person in diesem Land von Armut betroffen ist.[96] Zu den gleichen Ergebnissen kommt die SILC-Studie (Statistics on Income and Living Conditions) des Bundesamts für Statistik. In letztgenannter Untersuchung geben 9,4 Prozent der Bevölkerung an, Zahlungsrückstände zu haben. 8,9 Prozent beklagen sich über eine feuchte Wohnung, 7,4 Prozent schätzen ihre Finanzen als unzureichend ein, um die Wohnung das ganze Jahr durchzuheizen, und 9,6 Prozent können sich keine ganze Woche Ferien weg von zu Hause leisten.[97]

Die erschreckende Erkenntnis aus all diesen Zahlen ist aus globaler und nationaler Perspektive dieselbe: Armut und Elend sind keine Fatalität. Wir verfügen als globale Gemeinschaft heute über weit mehr Ressourcen als nötig wäre, um allen Menschen ein würdiges Leben zu ermöglichen. Es mangelt nur am politischen Willen.

Warum sollte mich das kümmern?

Eine berühmte Antwort auf die Frage, was uns das jetzt alles kümmern soll, hat der australische Philosoph Peter Singer vor über 30 Jahren formuliert. Er schildert folgende fiktive Situation: Stellen Sie sich vor, Sie gehen an einem Teich vorbei. In diesem Teich sehen Sie gerade ein Kleinkind ertrinken. Selbstverständlich sind wir uns einig, dass Sie die moralische Pflicht haben, dieses Kind zu retten. Was ist aber mit dieser moralischen Pflicht, wenn Sie eben für 600 Franken neue Schuhe gekauft haben und diese bei der Rettungsaktion unwiederbringlich kaputtgehen würden? Dürften Sie dann auf die Rettung des Kindes verzichten? Kaum jemand würde diese rhetorische Frage bejahen. Im Gegenteil, schon die Frage überhaupt aufzuwerfen, scheint uns unmoralisch. Genau aber das, was wir in diesem Beispiel so verabscheuen, tun wir jeden Tag – so Singer. In einer informierten Welt kann niemand behaupten, er oder sie wisse nicht um die krasse Armut. Die Bilder in Zeitungen und Fernsehen begleiten uns tagtäglich. Und trotzdem leisten wir uns Luxusgüter, obwohl mit dem gespendeten Geld Menschenleben gerettet werden könnten.

---

[92] Ebd.

[93] OECD 2012. Vgl. www.oecd.org

[94] Tax Justice Network [TJN], 2012. Vgl. www.taxjustice.net/cms/front_content.php?client=1&lang=1&parent=91&subid=91&idcat=104&idart=115

[95] Bilanz, 2012. Vgl. www.bilanz.ch/reichste

[96] Caritas, 2012. Vgl. www.caritas.ch/fileadmin/media/caritas/Dokumente/Was_wir_sagen/Erklaerung_Armut_halbieren_deutsch.pdf

[97] Bundesamt für Statistik [BFS], 2012. Vgl. www.bfs.admin.ch/bfs/portal/de/index/themen/20/22/press.html

Natürlich lässt sich gegen Singers Gleichnis eine Menge vorbringen. Zum Beispiel, dass eine arbeitsteilige Gesellschaft immer mit dem Principal-Agent-Problem zu kämpfen hat: Wie kann ich überprüfen, dass die Hilfsorganisation mit meinem Geld wirklich das tut, was sie verspricht? Sicher stimmen diese und eine Reihe weiterer Einwände. Nur: Erstaunlich ist, dass offensichtlich eine grosse Mehrheit diese Fragen gar nicht stellt: Wo findet die Debatte über Armut und Elend statt? Wenn es gut kommt, ab und zu im Hintergrundteil einer Sonntagszeitung.

Eine Formulierung des kantschen kategorischen Imperativ, auf den Singer natürlich hinauswill, lautet: «Die Unmenschlichkeit, die einem anderen Menschen angetan wird, zerstört die Menschlichkeit in mir.» Warum gilt das anscheinend nicht mehr, wenn das Leid nicht mehr direkt vor unseren Augen passiert? Warum würden wir zwar alles tun, um das Kind im Teich zu retten, aber sobald das Sterben etwas weiter weg stattfindet, scheint es keine grosse Sache mehr zu sein? Woran liegt dieses Desinteresse?

Das Ende der Geschichte oder was hat die Insel mit uns zu tun?
1992 veröffentlichte Francis Fukuyama sein berühmtes Buch «End of History and the last Man». Darin vertritt er eine Art hegelianische Dialektik. Die Idee, dass mit dem Untergang der Antithese Sowjetunion die Zeit der grossen ideologischen Auseinandersetzungen und Widersprüche zu einem Ende gekommen und die Zeit der letzten grossen Synthese angebrochen ist. Die «Entideologisierung» der Politik tritt fortan einen regelrechten Siegeszug an. Es wird Mode, ja zwingend, sich selber als «nicht ideologisch» zu verstehen, als «pragmatisch» und «lösungsorientiert». Nun, ich glaube, diese scheinbare Ideologiefreiheit ist wahrscheinlich eines der grösseren Missverständnisse unserer Zeit.

Nehmen wir nochmals die Vorschläge aus dem Inselbeispiel. Jemand wollte, dass die Gruppe die weiteren Schritte nicht ausdiskutiere, sondern jeder und jede für sich selber schaue und die Nahrungsmittel nach dem Prinzip von Wettbewerb und Konkurrenz verteilt würden. Was uns im Inselbeispiel so absurd vorkommt, ist in Tat und Wahrheit mitunter der Kern dessen, was die aktuell herrschende Ideologie ausmacht. Es sind die Konstrukte von Eigenverantwortung, von Wettbewerb und Konkurrenz und von Leistungsgesellschaft – kurz, es geht darum, dem Markt als zentrales Ordnungsprinzip der menschlichen Gesellschaft zum Durchbruch zu verhelfen. Zunehmend scheint alles Markt zu werden. In praktisch keiner politischen Diskussion wird nicht auf markttheoretische Begrifflichkeiten zurückgegriffen. Alles muss «effizient» werden, die Politik muss über «Anreize» funktionieren. Überall fehlt es anscheinend an Markt: in der Bildung, im Gesundheitswesen, im Strommarkt, bei den Immobilien – ja sogar Politik an sich wird in den Modellen der «modernen» Politologen und Politologinnen als Markt gedeutet. Sicher kennen alle diese berühmte Verortung der Parteien auf dem Zweiachsensystem Staat–Markt und konservativ–liberal. Abgesehen davon, dass die starke Korrelation der beiden Achsen das Modell bereits methodisch in Frage stellt, macht es aus der Politik eine rein opportunistische Jagd nach dem Wähler- und Wählerinnenpotenzial. Es geht nicht mehr darum, eine bestimmte Position einzunehmen, sondern herauszufinden, wo auf dem weissen Blatt noch unabgeholte Wählende vorzufinden sind und das Angebot entsprechend der Nachfrage auszurichten.

Was nun diese Ideologie des Marktes mit unserem Thema und mit der Frage, warum keine und keiner etwas damit zu tun hat, lässt sich vielleicht am besten an der Idee der Leistungsgesellschaft verdeutlichen. Eines der berühmtesten Gedichte Brechts heisst «Fragen eines lesenden Arbeiters» (1928). Darin heisst es:

> *Der junge Alexander eroberte Indien.*
> *Er allein?*
> *Cäsar schlug die Gallier.*
> *Hatte er nicht wenigstens einen Koch bei sich?*
> *Philipp von Spanien weinte, als seine Flotte untergegangen war. Weinte sonst niemand?*
> *Friedrich der Zweite siegte im Siebenjährigen Krieg. Wer siegte außer ihm?*
> *Jede Seite ein Sieg.*

Brecht kritisiert mit seinem Gedicht die bürgerliche Heldengeschichtsschreibung seiner Zeit. Die Aussage passt wie die Faust aufs Auge zu aktuellen Diskursen um Leistungsgesellschaft und Leistungstragende. Zunehmend versucht man uns eine Weltsicht zu verkaufen, in der die grosse Masse der Menschen den wenigen, die es geschafft haben, dankbar sein muss. Reiche sollen steuerlich entlastet werden, da sie Jobs schaffen. Den Leistungsträgern und Leistungsträgerinnen in den Chefetagen der Grosskonzerne müssen Spezialrechte, Pauschalsteuern, Antritts- und Abtrittsprämien, exorbitante Saläre und eine Reihe gesellschaftlicher Privilegien eingeräumt werden. Es herrscht ein regelrechter Kult um «diejenigen, die es geschafft haben». Die Idee der Leistungsgesellschaft erzeugt die fatale Illusion, dass – insbesondere ökonomischer – Erfolg praktisch ausschliesslich auf individuelle Leistungen zurückzuführen ist. Logisch: In einem Markt gibt es keine strukturellen Abhängigkeiten, keine Ungleichheiten, keine wesentlichen Unterschiede zwischen den Teilnehmern und Teilnehmerinnen. Dass aber in Tat und Wahrheit unsere beruflichen Aussichten in globaler Perspektive und auch innerhalb unserer Landesgrenzen noch immer sehr stark davon abhängen, wo und unter welchen sozialen, ökonomischen und politischen Umständen wir geboren werden, aufwachsen und leben, wird ausgeblendet. Genauso wie Leistungen Geringschätzung erfahren, die eine Gesellschaft für das Individuum erbringt. In Anlehnung an Brecht könnte man eine Reihe aktualisierter Fragen formulieren: Wer hat das Schulhaus gebaut, in dem die Reichen und Mächtigen lesen und schreiben gelernt haben? Wer hat ihnen das Einmaleins beigebracht? Wer hat die Strassen, die Wasserversorgung, die Infrastruktur gebaut, die sie (mit)benutzen? Wer putzt das Klo des Chefbankers? Und muss er nicht mindestens einmal im Tag eine warme Mahlzeit zu sich nehmen?

In letzter Konsequenz stellt die Idee der Leistungsgesellschaft nichts anderes in Frage als einen der zentralen Werte der Französischen Revolution, nämlich die demokratische Gleichheit. Gleichheit erhält im aktuellen Mainstream sogar die Konnotation von «Unfreiheit» und «Gleichschaltung». Die Argumentation der Leistungsgesellschaft legitimiert zunehmend krasse Unterschiede insbesondere ökonomischer Natur. Zum Beispiel bilden sich die enormen Lohnunterschiede von der am schlechtesten bezahlten Arbeit zur Managerposition innerhalb des gleichen Betriebs in Faktoren weit über 100, 200, im Falle der Banken teilweise sogar weit über 1'000, ab.

Die Idee der Leistungsgesellschaft ermöglicht es uns, oder zumindest den Eliten, sich permanent selbst zu überschätzen. Deshalb nenne ich das Phänomen bisweilen auch das «meritokratische Missverständnis». Ich bin plötzlich – wenn ich ja alles selber erreicht habe – nicht nur niemandem mehr zu Dankbarkeit verpflichtet, sondern ich muss auch keine Verantwortung mehr für andere übernehmen. Schliesslich haben es «die anderen» nur nicht geschafft, weil sie nicht bereit waren, genug Leistung zu erbringen. Sie sind selber schuld. Arbeitslosigkeit, fehlende berufliche Perspektiven, mangelnde Bildung, schlechte Integration oder eben Armut und Elend werden in dieser Logik zum individuellen Leistungsproblem. Und hier haben wir unsere Antwort: Ich muss mich gar nicht mehr um andere kümmern und habe auch noch recht dabei. Solidarität oder zivilgesellschaftliches Engagement sind nicht etwa mehr Pflichten von Bürgern und Bürgerinnen, sondern Freizeitaktivitäten, so ich denn Lust habe.

Was tun?

Fassen wir zusammen: Zivilgesellschaftliches Engagement ist so etwas wie das Sicheinsetzen für die grossen Ideale der Französischen Revolution: für Freiheit, Gleichheit, Solidarität und Demokratie. Wir brauchen dafür sowohl die Dekonstruktion herrschender Ideologien als auch tatsächliches Engagement. Dieses Engagement ist angesichts der Lage des Planeten nach wie vor dringend notwendig und unsere menschliche Pflicht. Einen Zustand der moralisch vertretbaren Verantwortungslosigkeit gibt es nicht. Es gibt keine Freiheit vor Verantwortung. Nur die Freiheit, die Verantwortung zu übernehmen. Und die Verantwortung, sich für die Freiheit aller zu engagieren.

Quellen

– Marx, Karl (1845). Thesen über Feuerbach. In *Marx-Engels-Werke* [MEW] (Bd. 3). Berlin: Dietz Verlag.
– United Nations [UN]. 2011. *UN Millenium Development Goals Report 2011*. New York.
– Zizek, Slavoj (2009). *Plädoyer für die Intoleranz*. Wien: Passagen Verlag.

Elektronische Quellen

- Bilanz (ohne Datum). *Homepage von Bilanz*. Gefunden am 23. Mai 2012, unter www.bilanz.ch/reichste
- Bundesamt für Statistik [BFS] (ohne Datum). *Homepage des Bundesamts für Statistik*. Gefunden am 23. Mai 2012, unter www.bfs.admin.ch/bfs/portal/de/index/themen/20/22/press.html
- Caritas Schweiz (ohne Datum). *Armut halbieren. Erklärung der Caritas zur Bekämpfung der Armut in der reichen Schweiz*. Gefunden am 23. Mai 2012, unter www.caritas.ch/fileadmin/media/caritas/Dokumente/Was_wir_sagen/Erklaerung_Armut_halbieren_deutsch.pdf
- Heidelberger Institut für Internationale Konfliktforschung [HIIK], (2011). Gefunden am 23. Mai 2012, unter www.hiik.de
- Organisation for Economic Co-operation and Development [OECD]. *Homepage der Organisation for Economic Co-operation and Development*. Gefunden am 23. Mai 2012, unter www.oecd.org
- Supplemental Nutrition Assistance Program [SNAP]. *Homepage von Supplemental Nutrition Assistance Program*. Gefunden am 23. Mai 2012, unter www.fns.usda.gov/snap
- Tax Justice Network [TJN]. *Homepage von Tax Justice Network*. Gefunden am 23. Mai 2012, unter www.taxjustice.net/cms/front_content.php?client=1&lang=1&parent=91&subid=91&idcat=104&idart=115
- World Institute for Development Economics Research, UNU-WIDER, (2006). Gefunden am 23. Mai 2012, unter www.wider.unu.edu/events/past-events/en_GB/05-12-2006/

Wer tut zivil «gesellschaften»?

Dr. Rebekka Ehret
Dozentin und Projektleiterin
Hochschule Luzern – Soziale Arbeit

Ein vom liberalen Rechtsstaat ausdrücklich formuliertes Recht tritt im Privileg zutage, sich zivilgesellschaftlich organisieren zu dürfen. Die Frage stellt sich also, ob das wegen dieses Rechts ebenso bedeutet, dass nur wer sich zivilgesellschaftlich organisiert, ein guter Mensch ist? Die Diskussion um die Bedeutung der Zivilgesellschaft hat spätestens seit den Anfängen des «Arabischen Frühlings» in Westeuropa ein Nachdenken über die Bedeutung von freiwilligen Gemeinschaften für stabile und zugleich dynamische Demokratien erzwungen. Wie viel Zivilgesellschaft brauchen wir als Schweizer Gesellschaft? Und wie viel Konsens benötigt eine liberale Demokratie zu zivilgesellschaftlichem Engagement? Kann in heutigen pluralen Gesellschaften überhaupt noch von dem zivilen Engagement in der Gemeinschaft gesprochen werden? Die Beantwortung dieser Fragen fällt schwer, da auch im Blick auf die Zusammenhänge mit der Sozialen Arbeit das unhinterfragt positiv bewertete zivile Engagement ideologieverdächtig erscheint.

Im Modulführer zur internationalen Studienwoche lesen wir, dass (...) auch bei uns ein Staat nur ein guter sei, wenn er eine lebendige und aktive Zivilgesellschaft ermögliche respektive zulasse. Das Engagement von vielen freiwilligen Organisationen kitte in einer globalisierten Welt unsere Gesellschaft zusammen. Parallel zu den staatlichen Institutionen entwerfe eine lebendige Zivilgesellschaft notwendige Alternativen.

Ich möchte vorschlagen – gerade auch im Zusammenhang mit zivilgesellschaftlichem Engagement und Migration –, sich dieser Frage und damit dem theoriegeschichtlichen Hintergrund über die Kommunitarismusdiskussion zu nähern. Bereits seit Anfang der Achtzigerjahre gibt es eine aus Nordamerika kommende theoretische, politikphilosophische Bewegung, die sich mit genau diesen Fragen beschäftigt. Die kommunitaristische Strömung umfasst sehr unterschiedliche, schwer in das übliche Links-rechts-Schema einzuordnende Standpunkte. Gemeinsam ist den meisten kommunitaristischen Texten jedoch der «Versuch einer Wiederbelebung von Gemeinschaftsdenken unter den Bedingungen postmoderner Dienstleistungsgesellschaften».[98] Der Kommunitarismus prägte nicht nur in den USA die Debatte um die Integrationsfähigkeit moderner Gesellschaften, sondern thematisiert bis heute den Verlust politisch gesellschaftlicher Integration in hochindustrialisierten Gesellschaften und glaubt in der Stärkung der Gemeinschaften und ihrer Werte eine Lösung für die zunehmende Individualisierung und Anonymität zu erkennen (vgl. Kersting 1991). Mit diesem Gemeinschaftsdenken bezieht der Kommunitarismus Position gegen den politischen Liberalismus, der zur Lösung gesellschaftlicher Probleme auf eine Stärkung individueller Rechte und Freiheiten setzt und diese über universalistische Norm- und Gerechtigkeitsprinzipien absichert.

Michael Walzer, der kommunitaristisch geprägt das individualistische Menschenbild kritisiert und den Blick auf die sozialen Gemeinschaften richtet, ist ein zentraler Akteur in der politisch-philosophischen Debatte zwischen den Kommunitaristen und den Liberalisten, die den Individualismus propagieren. Er distanziert sich damit zu John Rawls liberalem Universalismus und wirbt für ein pluralistisches Gerechtigkeits- und Gleichheitskonzept. Diese Gerechtigkeitskonzeption wird für Walzer zum Dreh- und Angelpunkt seiner Demokratievorstellung und seiner Auffassung einer zivilen Gesellschaft. Es ist die zivile Gesellschaft, die uns dabei interessiert. Für Walzer handelt die Zivilgesellschaft über den Rahmen des Staates hinaus. Sie stellt darüber hinaus ein Korrektiv zu ideologischen Auffassungen vom guten Leben dar. Das wiederum würde bedeuten, dass sie selbst nicht ideologisch befrachtet sein sollte (Kersting 1992).

Schauen wir uns die Daten in der Schweiz zum zivilgesellschaftlichen Engagement an, dann fällt auf, dass – obwohl rechtlich gesehen alle Bewohnerinnen und Bewohner der Schweiz bei einem Verein Mitglied werden können, das heisst, ob man die Schweizer Staatsbürgerschaft hat oder nicht, ob man sich als Migrantin oder Migrant hat einbürgern lassen oder nicht – sich Migrantinnen und Migranten unterdurchschnittlich zivilgesellschaftlich engagieren. In der Realität engagieren sich Menschen jeder Herkunft freiwillig und zivilgesellschaftlich, doch die statistischen Fakten präsentieren ein Bild, bei dem sich Migrantinnen und Migranten weniger in Vereinen und Organisationen engagieren. Wie lässt sich dieser Sachverhalt erklären? Sicher hat es

98 Neumann, 1998

damit zu tun, dass das typische Vereinsengagement eine Frage der Sozialisation ist. Diese Vereinssozialisation mag für viele Zugezogene ungewohnt und fremd sein, das freiwillige Engagement per se jedoch nicht. Für viele Eltern wäre es beispielsweise praktisch unmöglich, der Erwerbsarbeit nachzugehen, wenn die Grosseltern nicht auf die Kinder aufpassen und im Haushalt helfen würden. Die Betreuung von älteren und gebrechlichen Personen mit Migrationshintergrund wird in den meisten Fällen von Angehörigen geleistet. Bei grösseren Festen helfen nicht nur die nächsten Angehörigen, sondern die gesamten Netzwerke von Familien und Einzelpersonen mit. Dass dieses – ebenso – freiwillige und zivilgesellschaftliche Engagement nicht aufgeführt ist, bedeutet also bei Weitem nicht die Absenz von zivilgesellschaftlicher Tätigkeit an sich oder gar von Motivation für Freiwilligenarbeit im Gesamten, sondern sagt eher etwas aus über den Grad der Formalisierung respektive die Art der Organisation. Diese Erkenntnis nutzend hatten wir in einem Projekt, das in Zusammenhang mit «Citoyenneté – aktive Bürgerschaft» durchgeführt wird, gezielt nach Anschlussmöglichkeiten für schon Motivierte, aber nicht Organisierte gesucht, und zwar zusammen mit ihnen.

Die Projektidee zielt auf zwei Fragen ab. Erstens, welchen Beitrag können die für die Freiwilligenarbeit bereits motivierten Migranten und Migrantinnen zur Bewusstseinsbildung hinsichtlich der gesellschaftspolitischen Teilnahmemöglichkeiten im (organisierten) Schweizer Vereinsleben bei Migranten und Migrantinnen leisten und welche Unterstützung ist dabei sinnvoll? Zweitens, welche Öffnungsschritte seitens der etablierten Vereine wären dabei zweckdienlich, dass sich prinzipiell freiwillig Engagierte vermehrt in der formellen Vereinsorganisation einfinden könnten? Es geht also nicht um die etablierte «Schweizer Seite», die den Personen mit Migrationshintergrund freiwilliges, zivilgesellschaftliches (auch politisch-gesellschaftliches) Engagement beibringt, sondern darum, dem informell freiwilligen Engagement prinzipiell die gleiche Wertschätzung zukommen zu lassen wie dem formellen und dabei die dem Formalorganisierten innewohnenden Zugangsbarrieren zu heben. Der Ansatz des Projektes besteht folglich darin, dass die gemachten positiven Erfahrungen von formellem und informellem Freiwilligenengagement als Ressourcen zu Inhalt und Gegenstand in einem speziellen Anlass gemacht werden. Mit Hilfe des Projektes sollen am Anlass die schon gut funktionierenden Freiwilligennetze gezeigt werden, um darüber gemeinsam zu diskutieren und neue Wege bei den Teilnahmemöglichkeiten zu entwickeln. Auf den Erfahrungen und Erkenntnissen aufbauend kann dann in einem Workshop gemeinsam eine Strategie der zukünftigen «Teilhabemechanismen» entwickelt werden. Für die Umsetzung dieser Strategie soll ein Handlungsleitfaden für Vereine erarbeitet werden, der allen Vereinen abgegeben wird. Das Projekt setzt entsprechend gezielt in einer Gemeinde bei einer Auswahl von Personen mit Migrationshintergrund an, die interessiert sind an einer Darstellung ihres Verständnisses von zivilgesellschaftlichem Engagement, die ihre Erfahrungen und ihr Wissen weitergeben wollen und sich dadurch mit ihrem eigenen Verständnis von Freiwilligenarbeit und gesellschaftlicher Teilhabe auch auseinandersetzen möchten.

Diese Perspektivenänderung scheint deshalb wichtig, weil dadurch gleich zu Beginn des Projektes die Vielfalt der Motivationstypen berücksichtigt werden kann. Durch die aktive Beteiligung aller besteht so auch die Möglichkeit, gewisse Inhalte und Erkenntnisse für einen späteren Leitfaden zuhanden Schweizer Vereine zu sammeln. Durch den von Anfang an systematischen Einbezug unterschiedlicher Engagierter und den gezielten gegenseitigen Austausch erhalten alle Beteiligten darüber hinaus die Gelegenheit, immer auch Zwischenresultate respektive Reflexionsresultate zu diskutieren. Das dabei erarbeitete Wissen und gute Beispiele werden so laufend in das Projekt eingespeist.

Wir denken, dass mit diesem Vorgang auch eine andere Erkenntnis bezüglich des Umgangs mit Freiwilligenarbeit und zivilgesellschaftlichem Engagement im Kontext Migration reflektiert wird. Dabei handelt es sich um die gemeinhin und meist unbewusst der Migrationsbevölkerung abgesprochene Fähigkeit zur Selbstreflexion (vgl. Ehret 2009). Mit anderen Worten wird dadurch den Migrantinnen und Migranten im besagten Falle eine Übersozialisation zugeschrieben. Diese beschreibt den Menschen als passiven Ausführenden von Handlungsmustern, die durch soziale Beziehungen vorgegeben sind. Bisweilen ist im Zusammenhang mit dem blinden Gehorsam zur Zeit des Nationalsozialismus und in anderen totalitären Systemen von einer distanzlosen Übersozialisierung die Rede. In Bezug auf Migrantinnen und Migranten schreiben Diehm/Radtke (1999) kritisch: «Die Vorstellung, dass Individuen in ihrem Handeln und Denken von kulturellen Regeln bestimmt sein sollen, wird auf der Basis empirischer Studien als Modell der ‹Übersozialisation› kritisiert, das den Menschen als ‹Ausübenden einer Kultur› konzipiert und seine Fähigkeit unterschätzt, sich reflexiv und situativ zum eigenen kulturellen Wissen zu verhalten» (S. 64). Menschen, die einer (angenommenen) Kultur angehören, verhalten sich dann entsprechend dieser Kultur und kennen das hiesige Verständnis von freiwilligem Engagement halt nicht. In der (soziokulturellen) Praxis kommt diese Haltung einer starken Entmündigung nahe, da sowohl die Rationalität als auch die Kreativität des «kulturfremden» Menschen ausgeblendet werden und dem Menschen die ihm eigene Möglichkeit, sich über sein Verhalten und Denken Gedanken zu machen, abgesprochen wird.

So zeigt es sich, dass beim nicht wertenden Vorgehen hinsichtlich der Art und Weise des freiwilligen Engagements neue Zielgruppen erreicht werden können. Im genannten Projekt sind nur zwei Personen mit Migrationshintergrund angefragt worden, die sich gemäss hiesigen Vorstellungen «engagieren». Sie hingegen wurden gebeten, in ihrem Bekanntenkreis nachzufragen, wer sich denn überhaupt und «nicht organisiert» engagiert. Sofort kam eine relativ grosse Gruppe motivierter Personen zusammen, mit denen wir nun gemeinsam Ideen entwickeln bezüglich der Teilhabe von schon motivierten und engagierte Personen in organisierten Bahnen wie in Vereinen, Clubs, Netzwerken usw.

Dieses Vorgehen kann aber eine Verständnisveränderung mit sich bringen. Und genau das wäre ein Zur-Disposition-Stellen von der oben genannten ideologisch befrachteten Vorstellung vom guten Leben. Es stellte in der Tat eine Alternative dar, so wie es im Modulführer von einer lebendigen Zivilgesellschaft auch erwartet wird. In diesem Sinne könnte auch die soziale Grenzziehungsarbeit, die sich hinter dem Teiltitel «mit Blick auf die arabische Welt» versteckt, demaskiert werden. Während im Obengenannten ein typischer Fall von Kulturalismus aufgespürt wird, so zeigt sich angesichts der «arabischen Welt» das Phänomen des Orientalisierens respektive ein klassischer Fall von Orientalismus. Während vieler Jahre schon verlangen in den Ländern des «Arabischen Frühlings» unterschiedliche Gruppierungen mehrfach und auf diversen Kanälen Strafrechtsmechanismen, um die mannigfachen Menschenrechtsverletzungen in ihrem jeweiligen Land ahnden zu können. Endlich soll es eine Staatsform geben, die Grundrechte einhält und die Gewaltentrennung realisiert. Es gibt massenhaft NGOs; viele werden getragen von seriösen Anliegen, welche die Gesamtgesellschaft oder Teilsysteme davon betreffen. Andere formierten sich in Ermangelung alternativer Beschäftigungsmöglichkeiten. Der Grossteil der Bevölkerung organisiert sich ad hoc, informell und nicht institutionsgebunden. In Anlehnung an Edward Said, den Autor des wunderbaren Buches «Orientalismus», sei hier streiflichtartig darüber nachgedacht, warum die Art der Menschen in der arabischen Welt, zivilgesellschaftlich zu agieren, von vornherein besonders oder anders sein soll.

Die Andersartigkeit liegt in der Prädisposition der Opposition von Islam und Christentum. Obwohl der Islam als abrahamitische Religion im Wesentlichen dem Christentum nahe ist, werden seine ihm angehörenden Personen in letzter Zeit quasi als homogener Block vermehrt als die gänzlich anderen wahrgenommen. Die Musliminnen und Muslime als Gruppe sind jedoch nicht einfach «natürlicherweise» da; sie werden durch unseren Blick auf sie, unsere Rede über sie und unseren Umgang mit ihnen immer wieder erneut zur besonderen und anderen Menschengruppe gemacht. Auch hier taucht der konkrete Bezug meist im Kontext von Migration auf, womit sie nochmals als Teil eines Kollektivs figurieren. Sind sie in unseren Köpfen nicht schon doppelt «anders», lange bevor sie in den Zeitungen und am Fernsehbildschirm zu sehen sind? Wir ignorieren kontinuierlich, dass die Menschen «arabischer» Herkunft kein fester, monolithischer Block sind, auch nicht bezüglich ihrer Religion. Sie sind von grosser Pluralität gekennzeichnet, ob es sich nun um Sunniten, Schiiten oder Aleviten, Christen, Juden handelt oder um konservative, säkulare oder kulturelle Musliminnen und Muslime, die lediglich religiöse Feiertage zelebrieren, oder sie ignorieren. Zudem ist die Kontinuität der Dichotomisierung im Umgang mit Migration nach wie vor als Vermächtnis unserer Geschichte der Fremdarbeiterpolitik zu sehen. Die Angst vor Überfremdung und eine Kultur des Ungleichheit schaffenden Umgangs mit Zuwanderung haben sich bis heute gehalten. Trotz der Personenfreizügigkeit haben sich die neuen rechtlichen und institutionellen Rahmenbedingungen kaum verändert, entsprechend aber die Zusammensetzungen der Gruppen. Immer noch ist die Zulassungspolitik gekennzeichnet vom tiefen Glauben an eine Andersartigkeit aufgrund von ethnisch-chiffrierter kultureller Herkunft. Während in den Sechzigerjahren die «Gastarbeiter» aus Italien oder Spanien mit ihrem traditionellen und tiefverwurzelten Katholizismus die «ganz anderen» waren, so haben sich die differenzmarkierenden Grenzen nun an die Ränder von Europa verschoben. Dorthin, wo diejenigen mit einer «wirklich anderen Kultur» aufgrund ihrer Religion herkommen sollen. In der öffentlichen politischen Debatte wurde nämlich parallel zu den Berichterstattungen hinsichtlich des «Arabischen Frühlings» die Schweizer Flüchtlingspolitik besonders im Hinblick auf die Rückschaffungsabkommen mit den Herkunftsländern in Nordafrika diskutiert. In der Schweiz wollte sich auf breiter Ebene keine rechte Freude und keine Solidarität mit den zivilgesellschaftlich organisierten Akteurinnen und Akteuren einstellen, die sich auf mannigfache Weise gegen die Bevormundung und Bedrohung durch den Staat wehrten. Zu gross war (und ist) die Angst ob der dadurch ausgelösten Migrationsgründe. Der zivilgesellschaftlich engagierte Mensch im arabischen Raum ist also ein guter Mensch, solange er in der Fremde handelt und nicht plötzlich heute kommt und erst noch morgen bleibt.

Quellen

- Diehm, Isabelle & Radtke, Frank-Olaf (1999). *Migration und Erziehung. Eine Einführung.* Stuttgart: Kohlhammer.
- Ehret, Rebekka (2009). *Die Kulturfalle. Plädoyer für einen sorgsamen Umgang mit Kultur.* In Golsabahi, Solmaz et al. (Hrsg.), *Jeder ist weltweit ein Fremder. Beiträge zum 2. Kongress des DTPPP in Wien 2008* (S. 47–55). VWB Verlag für Wissenschaft und Bildung Berlin.
- Kersting, Wolfgang (1992). Die Liberalismus-Kommunitarismus-Kontroverse in der amerikanischen politischen Philosophie. In Gerhardt, Volker; Ottmann, Henning & Thompson, Martyn P. (Hrsg.), *Politisches Denken* (Jahrbuch 1991, S. 82¬102). Stuttgart.
- Neumann, Franz (Hrsg.) (1998). *Handbuch Politische Theorien und Ideologien,* Bd. 1, Opladen.

Studierendenarbeiten

Die Studierenden beteiligten sich in verschiedenen Formen und Rollen an der internationalen Studienwoche. 70 Studierende waren bei der Umsetzung involviert: als Moderatorinnen und Moderatoren von Workshops, als «Puzzlegruppen» oder bei Organisationsbesuchen. Weitere 50 Studierende führten und dokumentierten ein Gespräch mit einer Person aus dem arabischen Raum, um persönlich in Erfahrung zu bringen, wie diese Menschen den «Arabischen Frühling» erlebt haben. Einige Teilnehmende planten vier eineinhalbstündige Kulturanlässe, die zum Ziel hatten, das Thema der Woche aus einer kulturellen Perspektive zu bearbeiten. Drei Studierende hielten Eindrücke der Studienwoche fotografisch fest.

Alle Teilnehmenden lasen zur Vorbereitung der Studienwoche eines von fünf zur Auswahl stehenden belletristischen Büchern sowie die Pflichtlektüre. Rund 50 Studierende schrieben in Anlehnung an die Pflichtlektüre ein kritisches Essay und legten darin ihren eigenen Standpunkt zu gewissen Aspekten der Thematik dar.

Die nachfolgenden ausgewählten Studierendenarbeiten sollen einen exemplarischen Überblick über das vielfältige Schaffen der Teilnehmenden der internationalen Studienwoche geben.

Ramona Binzegger

Workshops

Ziel der zehn Workshops war es, das Wissen und die Fragen aus der Vorbereitungslektüre, den Referaten und den Praxisbesuchen mit der Sozialen Arbeit und der Soziokultur in Verbindung zu bringen. Rund 30 Studierende entwickelten im Vorfeld gemeinsam berufsrelevante Fragestellungen zum Thema Zivilgesellschaft und Soziale Arbeit. In den Workshops wurden die Fragen mit den Teilnehmenden besprochen und die Diskussionen anschliessend für das Werkstattheft dokumentiert.

Hier und dort
Ramona Binzegger, Marie-Line Meyenhofer, Jean Seiler

Marie-Line Meyenhofer

Etwas ratlos, wenn nicht gar ohnmächtig, sitzen die Workshop-Teilnehmenden in vier Gruppen aufgeteilt zum World Café. Die Methode wurde gewählt, um informell allen Beteiligten eine 15-minütige Diskussion zu vier Themen zu ermöglichen. Mit Green Tea & Mint, Trockenfrüchten und Nüssen soll ein entspannter Rahmen für konstruktive Beiträge geschaffen werden.

Die zentrale Fragestellung lautete: Was kann die Soziale Arbeit hier in der Schweiz bewirken, damit es im arabischen Raum wahrgenommen wird? Die Themen Demokratievermittlung, Angst vor dem Islamismus, Frauenrechte und Arbeitsplatzbeschaffung gekoppelt an wirtschaftliche Interessen türmen sich wie riesige Berge vor den Teilnehmenden auf und es scheint, dass alle Lösungsansätze bloss als «Tropfen auf den heissen Stein» empfunden werden. Nach einer Anwärmphase kommen jedoch immer angeregtere Diskussionen zustande.

Jean Seiler

Auf dem einen Tisch liegt als Grundlage zum Thema «Politik und Demokratievermittlung» die Absichtserklärung der Bundesbehörde vom 1. Februar 2012 mit dem Titel «Politische Umwälzungen in Nahost und Nordafrika». In der Diskussion wird wiederholt gemahnt, dass wir Sozialarbeitende uns nicht aufdrängen dürfen. Der Prozess zur Herstellung von demokratischen Verhältnissen braucht Zeit, so wie es die Geschichte beispielsweise von Europa deutlich macht. Demokratieverständnis kann an der Basis durch NGOs vermittelt werden, indem lokale Institutionen unterstützt werden. Als Menschenrechtsprofession ist die Soziale Arbeit verpflichtet, auf die Grundrechte zu verweisen und dieses Verständnis als wichtigen Pfeiler für eine friedliche arabische Gesellschaft zu verankern.

Zum Thema «Arbeitsplätze schaffen» wird in der Diskussion besonders hervorgehoben, dass den Investoren gut auf die Finger geschaut werden müsse. Es nützt wenig, wenn grosse europäische Konzerne in Nordafrika riesige Solaranlagen installieren, Gratisstrom von der tunesischen Wüste teuer verkaufen und die europäischen Fachkräfte nach erfolgter Montage wieder abziehen. Damit wird kein einziger Arbeitsplatz in Tunesien geschaffen. Vielmehr sollte auf Techniken wie Fotovoltaik gesetzt werden, wodurch auch kleine Unternehmen in Tunesien Arbeit und Einkünfte erzielen könnten. Die Soziale Arbeit muss auf die Nachhaltigkeit von Projekten hinweisen und sich dafür auch lokal einsetzen. Auf der Ebene von Universitäten könnten soziokulturelle Projekte im Sinne von Knowledge-Transfers, aber auch sozialpolitisches Engagement als Gegenpol zu den massiven neoliberalistischen Wirtschaftsinteressen eingesetzt werden.

Kultur im arabischen Raum hat auch mit dem Islam zu tun. Wo liegt der Unterschied zwischen Islam und Islamismus? Die westliche Welt reagiert empfindlich auf dieses Thema, weil damit viel Unwissen und als Folge davon Ängste verbunden sind. Statt objektiv zu informieren, schreiben gewisse westliche Medien populistisch und meist negativ über dieses Phänomen, was Ängste schürt. Wie gehen wir mit solchen Medien um? Es besteht in der Frage des Islamismus die Angst vor dem Extremen. An diesem Tisch wird festgehalten, dass zwischen den verschiedenen Gruppierungen und Ausprägungen unterschieden werden müsse, um nicht alle Musliminnen und Muslime in einen Topf zu werfen. Es besteht zudem die Übereinstimmung, dass Aufklärungsarbeit und Sensibilisierung zu den zentralen Aufgaben unserer Profession gehören.

Schliesslich wird am vierten Tisch über das brisante Thema «die arabische Frau» diskutiert. Inspiration liefert ein Artikel im «Tagesanzeiger» vom 22. Dezember 2011, der über die neue Wut der arabischen Frau berichtet. Der Analphabetismus ist bei Frauen deutlich häufiger verbreitet als bei Männern. Gemäss dem Historiker und Demografen Emmanuel Todd wird eine Gesellschaft wesentlich verändert, wenn die Menschen lesen und schreiben können. Davon ausgehend wird eingebracht, dass in die Bildung der Frauen, insbesondere auf dem Land, investiert werden soll. Hier könnten Projekte wie Frauenhäuser, politische Aktivitäten und Vereine zur Stärkung von Gruppen zu einer Entwicklung beitragen. Es geht nicht um pädagogische Aktivitäten, sondern vielmehr um Austausch, Sensibilisierung, Information und Vermittlung. Im Bereich der Frauenrechte besteht ein enormes Potenzial für gesellschaftliche und politische Veränderungen und somit ein wirkliches Betätigungsfeld für die Soziale Arbeit und die Soziokultur.

An den Tischen wird der letzte Schluck Tee genommen und zusammenfassend festgestellt, dass von einem «Tropfen auf den heissen Stein» nicht die Rede sein kann. Vielmehr gilt «steter Tropfen höhlt den Stein». Es braucht engagierte Menschen, die bereit sind, in die Bereiche Schulung, Bildung, Alphabetisierung, Aufklärung, Sensibilisierung und Austausch, beispielsweise mittels Projektarbeit, zu investieren. Diese Arbeit kann hier und dort erbracht werden.

Simon Staudenmann

Was kann die Soziale Arbeit tun, damit die regionalen Werte der Zivilgesellschaft gefördert und nicht durch ein universales Denkmuster beeinflusst werden?
Simon Staudenmann, Ramon Cassells, Daniel Betschart

Als Einstieg kamen wir in den Genuss eines Ausschnitts aus dem Film «The Green Wave» von Ali Samadi Ahadi, welcher die Revolution im Iran dokumentiert. Nach diesem kurzen Intro, das uns ins Thema brachte, wurde im ersten Teil des Workshops in Fünfer- und Sechser-Gruppen darüber diskutiert, welches die Voraussetzungen für die Entstehung einer Zivilgesellschaft sind und wodurch deren Fortbestehen und Weiterentwicklung verhindert oder beeinflusst werden.

Anschliessend machten sich die Teilnehmenden in Gruppen Gedanken über mögliche Handlungsfelder für die Soziale Arbeit und die Soziokulturelle Animation. Wo besteht ein Zusammentreffen oder -arbeiten mit der Zivilgesellschaft, beispielsweise als Gemeinwesenarbeiterin in der Stadt oder als Angestellter einer NGO in einem Land des «Arabischen Frühlings»?

Ramon Cassells

Den Workshop-Teilnehmenden war es wichtig, dass die Zivilgesellschaft von der Sozialen Arbeit unterstützt wird. Die Aufgabe der Sozialen Arbeit soll nicht darin bestehen, eine Zivilgesellschaft aufzubauen, sondern bereits bestehende Formen zu fördern. Insbesondere bei der Wissensvermittlung sowie bei der Förderung von Bildung und Vernetzung kann sich die Soziale Arbeit einbringen. Dies ist sowohl in der Schweiz als auch in weniger demokratisierten Ländern eine der zentralen Aufgaben. Dabei ist es sehr wichtig, dass diese Aufgaben partizipativ gestaltet sind, damit die Menschen an der Basis erreicht und einbezogen werden können. Die Betroffenen sollen befähigt werden und sich auch politisch stärker engagieren können. Zudem hat die

Daniel Betschart

Soziale Arbeit das Rüstzeug, um mit Gruppen zu arbeiten und ausfindig zu machen, wo die Probleme liegen und wie diese eigenständig zu lösen sind. Hilfe zur Selbsthilfe ist hier das Stichwort.

Es besteht auch Einigkeit darüber, dass es eine grundsätzliche Aufgabe der Sozialen Arbeit ist, Themen an die Öffentlichkeit zu bringen und Stellung zu beziehen. Durch Brückenbildung und Vernetzung vermag die Soziale Arbeit Personen zusammenzubringen, um gesellschaftliche Kohäsion und Solidarität zu entfalten. Mit der Zielsetzung der Sozialen Arbeit, Freiräume zu schaffen, wird für die Zivilgesellschaft auch Raum für den Austausch von Ideen bereitgestellt und eine Plattform gebildet, wo Leute sich formieren können.

In der letzten Viertelstunde des Workshops wurde in Form einer offenen Arena rege diskutiert. Im Zentrum der Debatte stand die Frage, ob Soziale Arbeit und im Speziellen die Soziokulturelle Animation kontraproduktiv für die Stärkung der Zivilgesellschaft sei. Dabei kam die Frage auf, ob die Zivilgesellschaft durch die professionelle Soziokulturelle Animation nicht dazu verleitet werde, Aufgaben an letztere zu delegieren, die bisher von der Gesellschaft wahrgenommen wurden. Grundsätzlich wurde es als Aufgabe der Sozialen Arbeit erachtet, die Zivilgesellschaft zu fördern, indem Lernprozesse angeregt und Strukturen angeboten werden, damit die Menschen sich selber engagieren und organisieren können.

Eine kritische Reflexion über die eigene Rolle solle man sich immer im Hinterkopf behalten. Diese beinhaltet auch, dass man sich im Arbeitsalltag aktiv zurückhält, um der Eigeninitiative von Beteiligten Platz zu lassen. Die Soziale Arbeit füllt Lücken in unserem System und die Zivilgesellschaft tut dies ebenfalls. Wenn solche Lücken nicht gefüllt werden, erhöht sich der Druck, so dass eine Veränderung im System unter Umständen erst dann entstehen kann.

Fazit: Auf die Einstiegsfrage des Workshops konnte keine endgültige Antwort gefunden werden. Das Thema Zivilgesellschaft ist ein breites Feld, in dem es viele Berührungspunkte mit der Sozialen Arbeit gibt. Weiter spielt die Wertevorstellung der einzelnen Akteurinnen und Akteure eine wichtige Rolle.

Die Soziale Arbeit kann unter Umständen einer gelingenden Zivilgesellschaft im Weg stehen. Dies bedingt, dass sie die eigene Position fortlaufend reflektiert und ihre eigene Position immer wieder neu definieren muss. Die Soziale Arbeit muss sich zwingend den Bedingungen der jeweiligen Zivilgesellschaft anpassen und darauf achten, dass auch ein Konzept einer Zivilgesellschaft nicht universalistisch überstülpt werden kann, sondern den strukturellen Besonderheiten der entsprechenden Lebenswelt anzupassen ist.

Nadine Kaufmann

Wie kann die Soziale Arbeit beteiligungsungewohnte Personen für zivilgesellschaftliches Engagement gewinnen?
Nadine Kaufmann, Stefanie Wyss Abad Murillo, Marc Bachmann

Verlauf
Nach einem spielerischen Einstieg ins Thema setzten sich die gebildeten Kleingruppen an vier Posten mit der obigen Fragestellung kreativ auseinander. Abschliessend gaben die Teilnehmenden eine Rückmeldung zu den angewendeten Methoden und formulierten ein Fazit zur Fragestellung. Im Folgenden stellen wir die drei Methoden vor, die von den Moderierenden an den Posten begleitet wurden, und legen die Ergebnisse dar.

Die *6-3-5-Methode* ermöglicht es, in kurzer Zeit eine grosse Menge an Ideen zu generieren. Sechs Teilnehmende erhalten ein Blatt Papier, das in drei Zeilen und sechs Spalten gegliedert ist. Die Teilnehmenden denken sich zu einer Fragestellung drei Ideen aus, wofür sie fünf Minuten Zeit haben. Danach reicht man die Papiere reihum weiter, um die Einfälle der Vordenkerin oder des Vordenkers aufzugreifen und zu erweitern.

Ergebnisse
Im Bereich Politik orteten die Teilnehmenden verschiedene Aufgabenfelder der Sozialen Arbeit. Unter anderem sind durch Dialog sowie Beziehungsarbeit mit beteiligungsungewohnten Personen das Demokratieverständnis zu fördern und in Zusammenarbeit mit der Politik Ressourcen und Rahmenbedingungen bereitzustellen, um zivilgesellschaftliches Engagement für die Zielgruppe

Stefanie Wyss Abad Murillo

Marc Bachmann

zu ermöglichen. Im Bereich Wirtschaft befand eine Mehrzahl der Teilnehmenden, dass sich die Soziale Arbeit für ein Anreizsystem einzusetzen hat, damit Arbeitgebende den beteiligungsungewohnten Personen beispielsweise eine Summe von bezahlten Zeitressourcen für zivilgesellschaftliches Engagement zur Verfügung stellen können. Im sozialen Bereich wurde einstimmig erarbeitet, dass die Soziale Arbeit eine informierende Drehscheibenfunktion einnehmen soll, um beteiligungsungewohnte Personen mittels Sensibilisierung, Niederschwelligkeit und Vernetzung für zivilgesellschaftliches Engagement zu gewinnen. Diesbezüglich sei es für die Soziale Arbeit besonders wichtig, Werte wie Gleichheit, Offenheit und Freiwilligkeit zu vermitteln.

Mit der *Forced Relationship & Bisoziation-Methode* können geistige Routinen durchbrochen und durch andere Bezugsrahmen neue kreative Verknüpfungen entstehen. Dabei dienten illustrierte Postkarten als Inspirationsquelle sowie neue Herangehensweise an die Fragestellung. Die Teilnehmenden konnten alle eine Postkarte aufdecken und ihre Assoziationen erläutern. In einem nächsten Schritt wurden diese Eindrücke mit der Fragestellung in Verbindung gebracht.

Ergebnisse
Es zeichnete sich ab, dass es die Rolle der Sozialen Arbeit sein soll, die vielfältigen Möglichkeiten von zivilgesellschaftlichem Engagement zu erklären, weiterzugeben und somit das Verständnis für und die positiven Eigenschaften von zivilgesellschaftlichem Engagement zu fördern. Dabei kann der Einbezug von Schlüsselpersonen hilfreich sein. Konkrete Ideen sind beispielsweise ein Tag der offenen Tür zum «Schnuppern», Quoten für beteiligungsungewohnte Personen, ein Patinnen- beziehungsweise Paten-System oder die kostenlose Mitgliedschaft einer bestimmten Anzahl beteiligungsungewohnter Personen. Alternative Organisationsformen wie Zeitbanken oder Tauschhandel von Ressourcen und Fähigkeiten wurden ebenfalls aufgegriffen. Es geht hauptsächlich darum, Bedürfnisse und Ressourcen abzuholen und diese mit Improvisation und Kreativität optimal anzusprechen sowie einzusetzen. Nicht zuletzt soll eine Niederschwelligkeit vorhanden sein, damit Chancen wie Notwendigkeit aufgezeigt werden können, die zivilgesellschaftliches Engagement für alle hat.

Die Methode *Strukturiertes Assoziieren* eignet sich, um eine Thematik unter Einbezug verschiedener Perspektiven zu diskutieren. Mit der Methode werden wichtige Positionen berücksichtigt. Fünf Stühle standen für fünf verschiedene Rollen. Die Teilnehmenden nahmen die Rollen Auftraggebende, Adressatenschaft oder Sozialarbeitende ein. Zudem übernahm jeweils eine Person die Moderation, eine weitere die Beobachtungsposition.

Ergebnisse
Bei allen Diskussionen wurde ersichtlich, dass beteiligungsungewohnte Personen kaum Zugang zur Auseinandersetzung über zivilgesellschaftliches Engagement im Rahmen der Sozialen Arbeit vorfinden. In den Diskussionen wurde von Seiten der Adressaten und der Sozialen Arbeit grundsätzlich von einem Bedürfnis der beteiligungsungewohnten Personen nach zivilgesellschaftlichem Engagement ausgegangen, welches die beteiligungsungewohnten Personen aber nicht bewusst als Bedürfnis erleben. Die Teilnehmenden formulierten eine These, die besagt, dass als erster Schritt, um zivilgesellschaftliches Engagement von beteiligungsungewohnten Personen zu erreichen, letztere ermächtigt werden müssen, ihre Bedürfnisse wahrzunehmen und zu artikulieren. Die Aufgabe der Sozialen Arbeit besteht somit darin, beteiligungsungewohnte Personen bezüglich eigener Bedürfnisse zu «empowern» sowie Plattformen zu schaffen, die es beteiligungsungewohnten Personen ermöglichen, ihre Bedürfnisse zu artikulieren.

Besuch von Organisationen

Am dritten Tag der Studienwoche besuchten die Studierenden gruppenweise Deutschschweizer Organisationen, die sich zivilgesellschaftlich engagieren. Interessiert hat dabei, welche Projekte diese Organisationen am Laufen haben, wie und mit wem sie zusammenarbeiten, welche Themen sie beschäftigen und in welcher Form sie zur Entwicklung der Zivilgesellschaft in der Schweiz beitragen. Zwei Personen pro Gruppe verfassten zu den Organisationsbesuchen jeweils kurze Abstracts, die nachfolgend aufgeführt werden. Über die Methode der Puzzlegruppen tauschten sich die Studierenden am darauffolgenden Tag über die Exkursionen und ihre Erfahrungen aus.

Besucht wurden folgende Organisationen und Institutionen:
Das Solidaritätsnetz Ostschweiz, die Generationenakademie, Innovage, der Verein ACTARES, der Verein «Bildung für Alle», die Umweltorganisation UmverkehR, die GrossmütterRevolution, der Kinoclub Sursee, der feministische Friedensdienst und die WerkStadt Oerlikon.

Solidaritätsnetz Ostschweiz
Tuala Radtke und Manuel Schneuwly

Tuala Radtke

Im Oktober 2004 wurden im Kanton St. Gallen 200 Asylsuchende mit einem Nicht-Eintretens-Entscheid (NEE) auf die Strasse gestellt. Dieser Umstand hat das Fass zum Überlaufen gebracht, was 21 Schweizerinnen und Schweizer und sechs Flüchtlinge aus der Antirassismusbewegung, unter der Federführung von Pfarrer Andreas Nufer (Ökumenische Kirchgemeinde Halden), veranlasste, im November 2004 das Bündnis Solidaritätsnetz Ostschweiz zu gründen. Es wird von rund 1'300 Personen getragen, wovon etwa 200 aktiv Freiwilligenarbeit leisten. Die Organisation finanziert sich über private Spenden und einzelne Stiftungsbeiträge. Seit Juni 2010 übernimmt ein Zivildienstleistender die Alltagsaufgaben, was gerade in organisatorischer Hinsicht eine grosse Entlastung für die Freiwilligen mit rund 1'860 Stellenprozenten bedeutet.

Manuel Schneuwly

Das Solidaritätsnetz setzt sich für die humanitäre Unterstützung von Asylsuchenden (egal welcher Status) ein. Einen grossen Beitrag dazu leisten sie mit folgenden Angeboten:
– Mittagstisch von Montag bis Freitag: Gratis-Essensausgabe gegen Mitarbeit
– Beratung: im Anschluss an den Mittagstisch wird eine niederschwellige Beratung zu Alltagsproblemen der Betroffenen angeboten
– Begleitung: persönliche, individuelle Betreuung über längere Zeit
– Autonome Schule Integra: unentgeltliche Kurse mit dem Ziel der Sprachvermittlung; hauptsächlich Deutschkurse von verschiedenen Niveaus wie auch Nepalesisch- und Arabischkurse für die Lokalbevölkerung

Das Solidaritätshaus wurde 2011 als eigener Verein gegründet und kann für die Organisation mit ihren unterschiedlichen Regionalgruppen als Basis bezeichnet werden. Die akribische Informationsarbeit führte zu einem breiten Rückhalt in der Bevölkerung. Das breite Netz (Zahnärzte, Anwältinnen, Ärzte Architektinnen und Politiker) und die freundschaftlichen Kontakte untereinander können als Fundament und Erfolgsfaktoren der Organisation bezeichnet werden.

Die Behörden erkennen die erfolgreich geleistete Arbeit zunehmend an, was die Zusammenarbeit massgeblich erleichtert.

Das Solidaritätsnetz gibt sich folgende Ziele:
– Wir solidarisieren uns mit Menschen, die Nothilfe erhalten und schenken ihnen in schwierigen Lebenslagen die notwendige Aufmerksamkeit.
– Wir bieten Menschen, die Nothilfe brauchen, eine «Verschnaufpause», um eine Ausreise aus der Schweiz in Würde zu ermöglichen.
– Wir setzen uns für eine menschenwürdige Asyl- und Ausländerpolitik ein.
– Wir bieten in verschiedenen Gebieten einen Mittagstisch an.
– Wir informieren die Öffentlichkeit über die Situation im Asylwesen.
– Wir vernetzen uns mit zuständigen Fachstellen und ähnlichen Gruppen.

Annika Zimmerli

– Wir beraten Flüchtlinge, machen Besuche im Gefängnis und bieten in Notfällen vorübergehend Unterkunft an.

www.solidaritaetsnetz.ch

Die Generationenakademie
Annika Zimmerli und Tobias Knecht

Das Migros-Kulturprozent lancierte die Generationenakademie im Jahre 2010. Diese steht unter dem Motto: «Generationen bewegen Gemeinden» und will damit das Zusammenleben der Menschen fördern. Die Generationenakademie bietet Menschen, die sich in ihren Gemeinden für das Zusammenleben der Generationen engagieren, praxisnahe Weiterbildung und unterstützt sie dabei, ihre Projekte und Ideen umzusetzen. Die meisten Personen arbeiten ehrenamtlich. Sie profitieren an zehn Weiterbildungstagen vom Wissen von Fachpersonen und werden in Themen wie Projektmanagement, Fundraising oder Öffentlichkeitsarbeit instruiert.

Tobias Knecht

Aktuell läuft die zweite Staffel. Bei einem der Projekte handelt es sich um das Generationenbistro, welches von den beiden Frauen Esther Kessler Zweifel und Prisca Hösli aus Glarus Süd in Luchsingen gestartet wurde. Mit kulinarischen, sozialen und kulturellen Angeboten soll der Dialog zwischen den Generationen gefördert werden.

Das Projekt steht noch ganz am Anfang der Umsetzung. Geplant sind neben dem Bistro auch ein Wellnessbereich, ein Schreibatelier und eventuell eine Kleinbühne. Das Generationenbistro soll letztendlich auch zur Ankurbelung des gesamten Tal-Tourismus in Glarus beitragen.

www.generationenakademie.ch

Uta Siebel

Innovage
Uta Siebel und Josephina Vogelsang

Innovage vereint qualifizierte Menschen mit Führungs-, Verwaltungs- oder Beratungserfahrung, die pensioniert sind oder kurz davor stehen und ihr Wissen unentgeltlich für öffentliche und gemeinnützige Anliegen einsetzen. Innovage bietet damit engagierten Menschen eine attraktive Rolle in der Gesellschaft und neue Möglichkeiten der Zusammenarbeit an.

Innovage-Beraterinnen und -Berater entwickeln – alleine oder im Rahmen zivilgesellschaftlicher Initiativen – Projektideen oder stehen gemeinnützigen Institutionen und Organisationen beratend und unterstützend zur Seite.

Innovage besteht seit 2006 und wurde von Migros-Kulturprozent in Zusammenarbeit mit der Hochschule Luzern – Soziale Arbeit konzipiert und realisiert. Seit Sommer 2010 ist Innovage ein selbstständiger Verein. In sieben regionalen Netzwerken engagieren sich rund 150 Personen. Der Verein wird weiterhin von Migros-Kulturprozent finanziell unterstützt; er entwickelt sich ständig weiter.

www.innovage.ch

Josephina Vogelsang

ACTARES Actionnariat pour une économie durable. Aktionäre und Aktionärinnen für Nachhaltiges Wirtschaften
Iris Balmer und Diego Stanca

Iris Balmer

Der Verein ACTARES wurde im Jahr 2000 in Freiburg CH gegründet und zählt fast 1'300 Mitglieder. Er hat seinen Hauptsitz in Bern und in Genf. Neben 150 Stellenprozenten, welche über Spenden und Stiftungen finanziert werden, wird die Arbeit vor allem ehrenamtlich geleistet.

Der Verein ACTARES will bewusst machen, dass sehr viele Personen in der Schweiz direkt oder indirekt (über die Pensionskassen) Aktien besitzen und deshalb auch mit dem ganzen System verbunden sind. Es liegt darum auch an der breiten Bevölkerung, Missstände in grossen Unternehmen wahrzunehmen und Transparenz sowie Veränderungen zu verlangen.

Diego Stanca

ACTARES will Einfluss nehmen auf die Unternehmenspolitik und verfolgt dabei folgende Hauptziele: langfristiges Denken und eine ökonomisch, ökologisch und sozial nachhaltig gestaltete Geschäftsführung, Kommunikation dieser Anliegen an eine breite Öffentlichkeit, Chancengleichheit der Geschlechter in den Geschäftsführungen sowie in den Aktionärsgremien. Der Verein will Menschen dazu animieren, Einfluss auf die Pensionskassen zu nehmen. Weiter wehrt er sich gegen exzessive Boni und verlangt angemessene Vergütungen. Des Weiteren setzt er sich für die Rechte von (Klein-)Aktionärinnen und Aktionäre ein.

Der Verein ACTARES gibt nach den oben erwähnten Zielvorgaben den Aktionärinnen und Aktionäre Abstimmungsempfehlungen für die Generalversammlungen. Um die Anliegen von Kleinaktionären und Kleinaktionärinnen zu bündeln, können diese ihr Stimmrecht auch an den Verein abtreten.

ACTARES vernetzt sich mit anderen Institutionen mit ähnlichen Absichten, um auf diese Weise mehr Einfluss zu gewinnen (beispielsweise Erklärung von Bern EvB, Greenpeace, WWF usw.). ACTARES sucht hauptsächlich den Weg über den Dialog und versucht, von innen heraus auf die Unternehmen Einfluss zu nehmen, zum Beispiel durch Voten und Fragen an den Generalversammlungen. Konfrontative Gegenbewegungen und spektakuläre Aktionen stuft ACTARES auch als wichtig ein und betrachtet sie als gute Ergänzung zur eigenen Arbeit.
Die Informationen stammen von der Website www.actares.ch und aus dem Vortrag von Ruedi Meyer, Präsident von ACTARES, vom 1. Februar 2012.

www.actares.ch

Verein «Bildung für Alle»
Franziska Maurer und Melanie Zünd

Franziska Maurer

Der Verein «Bildung für Alle» wird von der Autonomen Schule in Zürich betrieben: Diese bietet Asylsuchenden und Sans-Papiers die Möglichkeit, Deutsch zu lernen und sich in einer friedlichen Atmosphäre zu treffen. Die Schule wurde als politische Aktion aufgrund der Verschärfung des Asylgesetzes am 1. Januar 2008 gegründet.

Das Asylgesetz schliesst abgewiesene Asylsuchende von der Sozialhilfe aus und unterstellt sie einem Arbeitsverbot. Seither erhalten sie nur noch Nothilfe. Das heisst, sie haben pro Woche 60 Franken zur Verfügung. Ausserdem werden Deutschkurse nicht mehr finanziert. Der Verein «Bildung für Alle» sieht darin eine systematische Ausgrenzung und übernimmt mit den Deutschkursen eine Aufgabe, die der Verein eigentlich beim Staat verortet.

Melanie Zünd

Als Resultat der Besetzung der Predigerkirche in Zürich über Weihnachten 2008 versprach der Regierungsrat, alle nicht berücksichtigten Härtefall-Gesuche nochmals zu prüfen. Um als Härtefall zu gelten, verlangt der Kanton Zürich das Sprachniveau B1. Deshalb wurde der Verein «Bildung für Alle» als Widerstand gegen Ausgrenzung, Diskriminierung und Unterdrückung ins Leben gerufen.

Die Teilnehmenden standen von Anfang an im Zentrum des Projektes. Deshalb sollen sie bei sämtlichen Prozessen mitbestimmen und möglichst viel Eigeninitiative in das Projekt miteinbringen. Als Gegenleistung für die kostenlosen Kurse wird eine Beteiligung am Vereinsleben gewünscht. Wöchentlich besuchen etwa 150 Personen diese Kurse, die von rund 20 freiwilligen Helfenden geleitet werden. Die Autonome Schule Zürich ist basisdemokratisch organisiert; an den wöchentlichen Versammlungen werden aktuelle Geschehnisse besprochen.

Von der öffentlichen Hand erhält der Verein keine Unterstützung. Er finanziert sich durch Spendengelder und Veranstaltungen. Die Geldbeschaffung sieht «Bildung für Alle» als Teil des Lernprozesses. Die Lernenden werden in Prozess und Planung beispielsweise von Solidaritätsaktionen eingebunden. Sehr wichtig dabei ist, dass die Teilnehmenden keine «Verpflichtung zur Dankbarkeit» empfinden sollen.

Die Autonome Schule Zürich bewegt sich in einem Graubereich der Gesetzgebung. Zum einen gilt das Recht auf Bildung und zum anderen ist es gesetzlich untersagt, abgewiesenen Asylbewerbenden das Leben in der Schweiz zu erleichtern. Aufgrund der geringen finanziellen Mittel der Schule besetzt sie leer stehende Häuser. Seit der Gründung im Jahr 2008 wechselte die Schule wegen Räumungen der besetzten Häuser durch die Polizei schon über zehnmal den Standort.

Zurzeit befindet sich die Schule beim Güterbahnhof in Zürich. Der Standort sieht aber einer ungewissen Zukunft entgegen, da die besetzte Baracke aufgrund eines geplanten Bauvorhabens voraussichtlich abgerissen werden soll.

www.bildung-fuer-alle.ch

Daniela Wirth

Umweltorganisation UmverkehR
Daniela Wirth und David Schönenberger

Die Umweltorganisation UmverkehR wurde 1990 mit der Idee gegründet, den Verkehr bis in das Jahr 2000 um die Hälfte zu reduzieren. Seither wurden verschiedene verkehrspolitische Initiativen lanciert, wobei es insbesondere um den öffentlichen Verkehr sowie den Velo- und Fussverkehr ging. Auch befürwortet UmverkehR eine Drosselung des Flugverkehrs. Die Organisation umfasst gegen 6'000 Unterstützende und ist ein politisch unabhängiger Verein, der sich über Mitgliederbeiträge und Spenden finanziert.

Um die Ziele, die sich UmverkehR gesetzt hat, zu erreichen, werden Veranstaltungen, Strassenaktionen sowie Projekte und Kampagnen durchgeführt. Früher waren diese meist erheblich provokativer als heute. Laut UmverkehR ist es in der heutigen Zeit wichtig, dass man mit eher moderaten sowie lustigen Aktionen auf sich aufmerksam macht. Zentrale Mittel sind das Internet, die Medienarbeit, aber auch Referenden, Petitionen sowie Volksinitiativen. Die Zusammenarbeit mit anderen Organisationen ist in dieser Hinsicht ebenfalls von grosser Bedeutung.

David Schönenberger

Aktuell lancierte UmverkehR eine Städte-Initiative, über die am 4. September 2011 in Zürich abgestimmt wurde. Die Hauptforderung der Initiative beinhaltete, dass der Anteil des öffentlichen Verkehrs sowie des Fuss- und Veloverkehrs am gesamten Verkehr in den nächsten zehn Jahren um zehn Prozentpunkte erhöht werden soll. Zudem wurde in der Initiative gefordert, dass ein durchgehendes Veloroutennetz entlang der Hauptstrassen entstehen soll. Das Zürcher Stimmvolk stimmte der Städte-Initiative zu. Dieses Ergebnis zeigt UmverkehR, dass es mit seinen Anliegen den Nerv der heutigen Zeit trifft und sein Einsatz aktueller ist denn je. Davon zeugt auch, dass im Anschluss an die Abstimmung in Zürich die Hauptpunkte der Städte-Initiative in Winterthur sofort in den Richtplan aufgenommen wurden.

www.umverkehr.ch

Julia Puter

Ariane Fischer

99
Perrig-Chiello, Pasqualina; Höpflinger, François & Suter, Christian (2008). Generationen – Strukturen und Beziehungen. Generationenbericht Schweiz. Zürich: Seismo Verlag.

GrossmütterRevolution
Julia Puter und Ariane Fischer

«Die neuen Grossmütter»

«Was, du bist schon Grossmutter?» Frauen über 55 ist diese Frage geläufig. Das Bild, das wir uns von der Grossmutter machen, will nicht so recht zur heutigen Frauengeneration mit Enkelkindern passen. Die Grossmütter von heute liegen nicht krank im Bett oder getrauen sich kaum aus dem Haus wie einst bei Rotkäppchen. Sie sind gut gebildet, haben sich emanzipiert, sind berufstätig, politisch und kulturell interessiert. Sie nehmen teil an der Gesellschaft, fühlen sich dem gesellschaftlichen Engagement verpflichtet und nutzen ihr Erfahrungswissen – auch für eine bessere und gerechtere Welt, in der ihre Enkelkinder anständig aufwachsen können.

Die neuen Grossmütter bewegen sich auf der öffentlichen Bühne, haben Ideen, tun sich gerne zusammen, um etwas zu erreichen, und machen politisch von sich reden. Dies sind beispielsweise die Zukunftskonferenzen in regelmässigen Abständen, das GrossmütterForum, verschiedene Arbeitsgruppen zu Themen wie Wohnen, Kultur, Fotoband, Buch, Mammuts (Rockgruppe) oder das GrossmütterManifest im letzten Jahr. Sie leisten einen wesentlichen Beitrag zum Gelingen der Generationenbeziehungen im Wandel der Gesellschaft und damit zur Lebensqualität und zum gesellschaftlichen Zusammenhalt.

An neuen Aufgaben mangelt es ihnen nicht. Ohne Grossmütter könnten berufstätige Eltern den Familienalltag gar nicht mehr bewältigen. Und viele betagte oder kranke Angehörige könnten nicht zu Hause leben. Der Gesamtumfang an unbezahlter Kleinkindbetreuung durch über 50-jährige Personen (vorwiegend Grosseltern) wird im Generationenbericht Schweiz[99] pro Jahr auf rund 100 Millionen Stunden geschätzt. Das entspricht einer jährlichen Arbeitsleistung im Wert von mehr als zwei Milliarden Franken. Fast vier Fünftel dieser Betreuungszeit, nämlich knapp 79 Millionen Stunden, leisten die Ehefrauen und Grossmütter.

Aber die Gesellschaft kann nicht nur auf die biologischen Grossmütter setzen. Gefragt sind die sozialen Kompetenzen aller älteren Frauen – etwa als Leihgrossmütter oder als Patinnen von Jugendlichen, die auf Beistand und Ermutigung angewiesen sind. Nötig sind die politischen Impulse aller älteren Frauen, die sich für eine solidarischere Gesellschaft engagieren – zum Beispiel für eine bessere Integration von Frauen und Männern mit einem Migrationshintergrund oder ein Altern in Würde.

www.grossmuetter.ch

Migros-Kulturprozent
Das Migros-Kulturprozent ist ein freiwilliges Engagement der Migros in den Bereichen Kultur, Gesellschaft, Bildung, Freizeit und Wirtschaft. Mit seinen Institutionen (Klubschule Migros, die Eurocentres, das GDI Gottlieb Duttweiler Institut in Rüschlikon, die vier Parks im Grünen, die Monte-Generoso-Bahn im Tessin und das Migros-Museum für Gegenwartskunst in Zürich), Projekten und Aktivitäten ermöglicht es einer breiten Bevölkerung Zugang zu kulturellen und sozialen Leistungen. Bei den Projekten und Aktivitäten versteht sich das Migros-Kulturprozent als Impulsgeber und sucht die Kooperation mit anderen privaten wie öffentlichen Organisationen. Hinzu kommt die Unterstützung von Projekten und Einzelpersonen durch Förderbeiträge oder Studienpreise.

www.kulturprozent.ch

Roland Rüttimann

Kinoclub Sursee
Roland Rüttimann

Im Jahr 1997 sollte in Sursee eines der letzten Luzerner Landkinos geschlossen werden. Dagegen wehrten sich ein paar eingefleischte Filmfans und gründeten kurzerhand den Kinoclub Sursee. Ziel war es, qualitativ hochstehende, nicht elitäre Filme in Originalsprache zu zeigen. Seitdem wurden im Stadttheater Sursee rund 300 Filme präsentiert. Der Verein besteht aus 17 Aktiven, die sich auf vier Gruppen aufteilen. Neben der Programmgruppe gibt es eine Bargruppe und eine Werbe- und Finanzgruppe. Ebenso wichtig ist die Projektionsgruppe, deren Mitglieder sich weiterbildeten, um mit den Filmprojektoren umgehen zu können.

Der Kinoclub Sursee ist selbsttragend. Möglich wird dies durch heute rund 400 Mitglieder, die einen Jahresbeitrag von 40 oder 60 Franken entrichten und damit zum halben Preis in die Vorstellungen dürfen. Daneben verzichtet die Stadt Sursee auf die Erhebung einer Billettsteuer. Neben einem monatlichen Film, meist am ersten Freitag, steht mindestens einmal im Jahr ein mehrtägiges Filmfestival auf dem Programm. Da dem Verein auch die Geselligkeit wichtig ist, gibt es Pausen. In diesen werden mottogerechte Häppchen serviert. Für das Engagement seiner Mitglieder wurde der Kinoclub Sursee im Jahr 2009 mit dem Kulturpreis der Stadt Sursee ausgezeichnet.

www.kinoclub.ch

Simona Dörig

Feministischer Friedensdienst
Simona Dörig und Nicole Hug

Der feministische Friedensdienst (cfd) ist eine politisch und konfessionell unabhängige Organisation. Er entstand nach dem Zweiten Weltkrieg durch den Einsatz von Gertrud Kurz nach der faschistischen Machtergreifung für jüdische Flüchtlinge aus Deutschland. In dieser Zeit engagierte sich der cfd in der Flüchtlingshilfe, machte sich politisch gegen Rassismus, die Kolonialisierung und Militarismus stark und unterstützte Projekte in Konfliktgebieten. Anfang der Achtzigerjahre setzten sich die cfd-Frauen für die Frauen- und Friedensbewegung ein. 1997 wurde das erste feministische Leitbild des cfd verabschiedet.

Die Ziele des cfd sind die Verbesserung der ungerechten Geschlechterverhältnisse und der verbesserte Zugang von Frauen und Mädchen zu Ressourcen. Dabei lässt sich der feministische Friedensdienst von der Vision leiten, dass alle Menschen ein gutes und gleichberechtigtes Leben haben sollen.

Der cfd arbeitet hauptsächlich mit feministischen, friedenspolitischen und kirchlichen Organisationen zusammen und ist in der internationalen Zusammenarbeit (Südosteuropa, Naher Osten, Maghreb), der Migrations- und der Friedenspolitik tätig. Er unterstützt auch Empowerment-Projekte von Frauenorganisationen im Mittelmeerraum und von Migrantinnen in der Schweiz.

Finanziert wird der feministische Friedensdienst durch Gönner/innen, private und öffentliche Institutionen, Pfarreien und Kirchgemeinden sowie durch die DEZA.

Nicole Hug

www.cfd-ch.org

WerkStadt Oerlikon – Dachorganisation der privat engagierten Kräfte in Oerlikon
Andrea Babic und Franziska Rohrer

Andrea Babic

Oerlikon ist mit seinen 50'000 Bewohnerinnen und Bewohner das wichtigste Nebenzentrum der Stadt Zürich und steht daher vor besonderen Herausforderungen bezüglich Optimierung von Infrastruktur, Versorgungsmöglichkeiten und gesellschaftlicher Integration. Die WerkStadt Oerlikon (WSOe) beschäftigt sich mit der Umsetzung dieser Herausforderung. Sie verfolgt die Vision einer nachhaltigen und integralen Quartierentwicklung, die nebst staatlichen und wirtschaftlichen Leistungen dem zivilgesellschaftlichen Engagement und Dialog eine wichtige Funktion bei der Schaffung und beim Erhalt von attraktiven Lebens-, Wohn- und Arbeitsbedingungen beimisst.

Die WerkStadt Oerlikon hat die Rechtsform der GmbH. Das benötigte Stammkapital von 20'000 Franken wurde durch den Quartierverein Oerlikon, den Gewerbeverein Oerlikon, das Standortmarketing Oerlikon und den Verein «Zürifüfzg» sichergestellt. Der Vorstand der WSOe setzt sich bewusst aus Mitgliedern zusammen, die aus acht verschiedenen Bereichen (Wirtschaft/Gewerbe, Informatik/Marketing, Quartierentwicklung, Nachhaltigkeit, Bildung, Quartierkultur, Soziales und Politik) stammen, damit die Interessen der gesamten Zivilbevölkerung miteinbezogen werden.

Franziska Rohrer

Die WSOe bündelt die gemeinsamen Interessen ihrer Mitglieder, betreibt eine koordinierte Informationspolitik, organisiert Veranstaltungen und tritt gegenüber Behörden und der Politik für wichtige Anliegen auf. Sie beteiligt sich auf verschiedene Weise an quartierbezogenen Anlässen und unterstützt ihre Mitglieder bei der Verfolgung ihrer Ziele. Eine regelmässige Informations- und Diskussionsplattform ist der DIALOG Oerlikon, der dreimal pro Jahr stattfindet. Dort werden Themen aus den Bereichen Wohnen, Verkehr, Umweltschutz, Gewerbe, Kultur und Bildung mit Interessierten aus der ganzen Bevölkerung diskutiert.

Aktuell beschäftigt sich die WSOe mit Fragen um die Gestaltung und den Verkehr am und um den Bahnhof Oerlikon und die Integration der neuen Bewohner/innen des ehemaligen Industriegebiets nördlich vom Bahnhof, die Förderung von lokalen Aktivitäten zum Klimaschutz und die Zukunft der offenen Rennbahn Oerlikon.

Die WSOe arbeitet eng mit verschiedenen Stellen der Stadt Zürich zusammen, mit der Quartierkoordination und dem Gemeinschaftszentrum sowie mit Organisationen und Behörden aus angrenzenden Quartieren und Gemeinden, agiert aber trotzdem sehr unabhängig.

Mitglieder der WSOe sind Vereine, andere private Organisationen und Unternehmen sowie Grundeigentümer/innen aus dem Raum Zürich Nord. Das Ziel der WSOe ist die Integration von allen organisierten zivilgesellschaftlichen Akteuren und Akteurinnen.

Essays

Aller Anfang ist klein
Claudia Allemann

Claudia Allemann

Revolutionen hat es immer gegeben. Doch der «Arabische Frühling» kam für alle überraschend. Wer sich auf Spurensuche für die Umbrüche im arabischen Raum begibt, darf nicht nur das grosse Ganze betrachten, sondern muss auch verstehen lernen, was eine Gesellschaft im Innersten zusammenhält.

Westliche Beobachtende reiben sich die Augen und fragen sich, was die Menschen im arabischen Raum dazu bewogen hat, auf die Strasse zu gehen, um für mehr Demokratie und Selbstbestimmung zu kämpfen. Meist werden dabei ökonomische Gründe ins Feld geführt. In Leitartikeln von grossen Zeitungen ist immer wieder zu lesen, dass der explosive Mix zwischen hohen Arbeitslosenquoten und steigenden Lebensmittelkosten verantwortlich war für die Umbrüche im arabischen Raum.

Doch aller Anfang ist klein. Die hier ausgeführten Erklärungen für den Ausbruch der arabischen Revolution beruhen auf den Reflexionen des Historikers und Anthropologen Emmanuel Todd, der in seinem 2011 publizierten Buch «FREI! Der arabische Frühling und was er für die Welt bedeutet» nicht die öffentlichen Plätze, sondern die Wohnstuben der arabischen Familien in den Fokus rückt: Todd geht davon aus, dass eine Transformation der Autoritätsbeziehungen innerhalb der arabischen Familienstrukturen dazu geführt hat, dass die Bevölkerung die Autorität ihrer Herrscher in Frage gestellt hat.

Grund für die Veränderung in den arabischen Familienstrukturen findet Todd im zunehmend steigenden Bildungsniveau. Heute können die Kinder im Gegensatz zu ihren Eltern oft lesen und schreiben. Dieser Wissensvorsprung hat zu einem Bruch in der bisher patrilinear organisierten Gesellschaft geführt, in der sich vorher alles nach dem Mann richtete. Neue Werte wie Gleichheit, Selbstbestimmung und Demokratie gewannen durch Alphabetisierung an Bedeutung. Die Alphabetisierung wirkte sich auch auf die Geburtenrate aus: Durch die steigende Bildung wurde den arabischen Frauen zunehmend bewusst, dass zu viele Kinder ihre ökonomische wie auch private Freiheit einschränken können.

Wer gesellschaftliche Transformationsprozesse analysieren und erklären will, betreibt immer ein Spiel mit vielen Unbekannten. So zahlreich die aufgeführten Gründe für Veränderungen sind, so zahlreich sind auch die Rezepte, wie denn ein Land auf dem schnellsten Weg in den sicheren Hafen der Demokratie einkehren könne. Selbstverständlich war die arabische Revolution nur möglich durch die Kombination von vielen verschiedenen Faktoren. Todds Verdienst in diesem Diskurs ist es, den Fokus weg vom grossen Ganzen zu lenken. Was eine Gesellschaft im Innersten zusammenhält, sind die Strukturen im familiären Umfeld. Er hat eine neue Perspektive in die Diskussion eingebracht und ein Instrument entwickelt, das auch in Zukunft eingesetzt werden kann, um den Wandel in einer Gesellschaft zu beschreiben und Prognosen für Transformationsprozesse zu treffen.

Was zurückbleibt, ist der optimistisch stimmende Gedanke, der uns allen als Inspiration dienen sollte: Kleine Revolutionen in den eigenen vier Wänden gepaart mit einer Portion Mut können auf die Dauer Grosses bewirken. Der Weg einer Gesellschaft von einer totalitären Struktur zu einer partizipativen Demokratie ist lang, hart und steinig. Und er beginnt nicht auf den öffentlichen Plätzen, sondern in den Wohnstuben. Schauen wir also in Zukunft genauer hin.

Freiwilligenarbeit am Ende oder am (Neu-)Anfang?
Antonia Steffen

Antonia Steffen

Mehr als ein Drittel der Schweizer Bevölkerung engagiert sich freiwillig, dies sowohl in institutioneller als auch in informeller Freiwilligenarbeit. Die freiwillig Tätigen leisten somit einen wertvollen Beitrag zum Gemeinwohl der Zivilgesellschaft. Trotz dieser erfreulichen Zahl: Seit rund zehn Jahren ist die Freiwilligenarbeit in der Schweiz rückläufig. Bereits bekunden diverse kommunale Sportvereine und Feuerwehren Probleme bei der Rekrutierung von neuen freiwilligen Mitarbeitenden. Gemäss Bundesamt für Statistik [BFS] (2011) betrug der Anteil der Bevölkerung mit freiwilligem Engagement im Jahr 2000 noch 40 Prozent, zehn Jahre später jedoch nur noch 32 Prozent. Dies ist eine signifikante Abnahme und es stellt sich die Frage, ob die Freiwilligenarbeit in der Schweiz am Ende ist und weshalb? Wohl hat das klassische altruistische Motiv des Helfens in der Freiwilligenarbeit ausgedient, denn die zunehmende Individualisierung hat auch Einfluss auf das Hilfeverhalten.[100] Ausserdem wird Freiwilligenarbeit mehrheitlich von Personen geleistet, die zeitliche Ressourcen haben, sprich Teilzeit arbeiten oder nicht erwerbstätig sind. Mit den steigenden Lebenshaltungskosten, wodurch oftmals beide Elternteile berufstätig sind oder gar mehrere Jobs ausgeführt werden müssen, kann die Freiwilligenarbeit nicht mehr in dem Masse wie bis anhin geleistet werden. Auch die fehlende Anerkennung, welche die Freiwilligenarbeit erhält, beeinflusst den Zulauf von Freiwilligen. Oder ist es am Ende die viel propagierte Mobilität, welche der Freiwilligenarbeit das Genick bricht? Verwurzelung und Verbundenheit mit einem Ort, einem Verein oder auch mit Menschen sind nicht selten die Gründe dafür, weshalb man sich freiwillig engagiert. Aber wie soll man sich verwurzelt und vielleicht auch verpflichtet genug fühlen, wenn man als Homo oeconomicus allzeit bereit sein muss, für eine bessere Arbeitsstelle den Wohnsitz oder gar das Land zu wechseln? Wie soll ein Gemeinschaftsgefühl entstehen, wenn die Zuwanderung der Schweiz zwar eine grosse Anzahl von hochqualifizierten Arbeitskräften bringt, diese aber nur wegen ihres Curriculums kurzfristig und temporär in der Schweiz verbleiben? Was passiert mit unserer Gesellschaft und unserem Zusammenhalt, wenn niemand mehr bereit ist, abends mit alten Menschen zu jassen oder kleinen Jungen und Mädchen das «Tschutten» beizubringen? Es ist jedoch auch ein Gegentrend erkennbar: Freiwilligenarbeit macht sich gut im Lebenslauf. Reiseveranstalter haben dies erkannt und offerieren Angebote, bei denen die Freiwilligenarbeit im Ausland ein Teil des Erlebens einer fremden Kultur darstellt. Ebenso ist mit «Corporate Volunteering» eine neue Möglichkeit entstanden, wie Unternehmen ihre soziale Verantwortung wahrnehmen und ihre Mitarbeitenden respektive deren Manpower an soziale und karitative Institutionen verleihen können. Oder ist dies nur eine Marketingstrategie, um sich auf dem Markt von der Konkurrenz abzuheben und sich am Markt optimal zu positionieren?

Neue Modelle in der Freiwilligenarbeit sind gefragt, wie beispielsweise das Modell der Sozialzeit. Hans Ruh (1995) und Plasch Spescha (2001) haben Modelle zur Sozialzeit entwickelt, wobei Ruh davon ausgeht, dass es aufgrund zunehmender Arbeitslosigkeit eine neue Aufteilung der menschlichen Tätigkeitszeit braucht. In seinem Modell führt Ruh deshalb eine obligatorische Sozialzeit von drei Jahren für jeden Mann und jede Frau ein. Für Spescha hingegen gehören zu einer zukunftsweisenden Gesellschaft eine gerechte Verteilung der Erwerbs- und Nichterwerbsarbeit. Laut Spescha sind ebenso genügend echte Freizeit wie auch Sozialzeit für ein gelingendes Zusammenleben notwendig. Er verortet die Sozialzeit an der Schnittstelle zwischen Freizeit und Arbeitszeit. Die Einführung der Sozialzeit bringt eine Verkürzung der Normalarbeitszeit von 20 bis 25 Stunden mit sich. Spescha und Ruh reagieren damit beide auf die schwierige Situation in der Arbeitswelt (zit. in Annen & Keller, 2003).

Caritas Schweiz bekundet bereits Interesse an der Erstellung eines Sozialzeit-Ausweises. Es kann jedoch davon ausgegangen werden, dass eine Implementierung und Akzeptanz eines solchen Ausweises wohl Jahrzehnte dauern wird. Fest steht, dass die Freiwilligenarbeit in der Schweiz ein neues Gesicht benötigt, will sie auch in Zukunft einen wichtigen Teil zum gesellschaftlichen Zusammenhalt leisten. Ebenso werden frische und innovative Ideen von Pionieren und Pionierinnen sowie Querdenkerinnen und Querdenker benötigt, um diesen Prozess einzuleiten.

Quellen
- Annen, Luzia & Keller, Andrea (2003). *Unbezahlte Arbeit zahlt sich aus. Sozialzeit-Ausweis als Mittel zur Anerkennung unbezahlter Arbeit.* Gefunden am 8. Januar 2012, unter http://socio.ch/arbeit/t_annenkeller.htm
- Benevol Schweiz (ohne Datum). *Homepage von Benevol Schweiz.* Gefunden am 11. Dezember 2011, unter www.benevol.ch/index.php?id=254
- Bundesamt für Statistik [BFS]. *Unbezahlte Arbeit. Daten und Indikatoren. Überblick über Freiwilligenarbeit. Freiwilligenarbeit, Beteiligung der Bevölkerung.* Gefunden am 11. Dezember 2011, unter www.bfs.admin.ch/bfs/portal/de/index/themen/20/04/blank/key/freiwilligenarbeit/ueberblick.html

---

100 Annen & Keller, 2003, Abs. 3.4

Lesen und Schreiben
Ohne Bildung keine Entwicklung
Natalie Rykart

Natalie Rykart

«Hallo, ich heisse Amany, bin 12 Jahre alt und lebe mit meiner Familie ausserhalb von Kairo. Ich habe eine jüngere Schwester und einen jüngeren Bruder. Mein Vater arbeitet auf dem Markt. Meine Mutter hat viel Arbeit mit dem Haushalt und der Pflege der Eltern meines Vaters. Ich arbeite im Haushalt mit und achte auf meine Schwester und auf meinen Bruder, wenn er nicht in der Schule ist. Für uns Mädchen reicht das Geld nicht, um in die Schule zu gehen, und meine Eltern halten es auch nicht für nötig. Wir heiraten irgendwann und werden, wie unsere Mutter, für die Familie sorgen.

Manchmal sehe ich Mädchen mit Schulbüchern an unserem Haus vorbeigehen. Sie gehen in die Koranschule. Mein grösster Wunsch wäre es, mit ihnen zu gehen, um Lesen und Schreiben zu lernen. Wenn ich meinem Bruder bei den Hausaufgaben zuschaue, bewundere ich es, wie man aus diesen Zeichen und Zahlen etwas lesen kann. Die Kinder, die in die Schule gehen können, müssen wohl alle sehr glücklich sein …»

«Hallo, ich heisse Manuela, bin 14 Jahre alt und lebe mit meiner Familie ausserhalb von Bern. Ich habe einen Bruder, der 9 Jahre alt ist. Meine Mutter arbeitet Teilzeit als Pflegefachfrau und mein Vater ist im Finanzbereich tätig. Ich besuche die achte Klasse auf Sekundarschulniveau. In der Schule befassen wir uns momentan mit dem Thema Berufswahl. Ich werde in den Sommerferien da und dort schnuppern gehen. Meine Eltern hätten gerne, dass ich aufs Gymnasium gehe und später studiere. Immer nur in die Schule zu gehen, stinkt mir aber langsam. Ich möchte lieber eine Lehre machen. Dort würde ich dann schon mein eigenes Geld verdienen und könnte mir meine Wünsche erfüllen. Und überhaupt: Es gibt so viele Möglichkeiten …»

Weltweit wachsen 75 Millionen Kinder ohne Schulbildung auf. Die hohe Analphabeten-Rate besteht besonders in Süd- und Westasien, südlichen Ländern Afrikas sowie in den arabischen Staaten und betrifft zu zwei Dritteln Mädchen und Frauen. Trotz der Tatsache, dass sich die Analphabeten-Rate in den letzten 40 Jahren von 37 Prozent auf 18 Prozent nahezu halbiert hat, besteht nach wie vor ein hohes Defizit in der Grundbildung und Alphabetisierung. Dieses Defizit ergibt sich nicht zuletzt aus einer fehlenden Demokratie sowie einem schlecht entwickelten Bildungssystem der betroffenen Länder.[101]

Für Emmanuel Todd, einen politischen Visionär, ist die steigende Alphabetisierung einer der wichtigsten Faktoren für ein Land zum Schritt in eine Demokratie. Ein steigendes Bildungsniveau habe in so manchen Ländern eine Protestbewegung ausgelöst, die nicht selten zu einem Macht- und/oder Strukturwechsel führte.[102]

Ich habe die beiden Mädchen Amany und Manuela einander gegenübergestellt und versucht zu veranschaulichen, wie verschieden Bildungschancen wahrgenommen werden. Es bleibt zu hoffen, dass sich die aktuellen Protestbewegungen, wie sie in den arabischen Staaten im Gange sind, schlussendlich positiv auf die Zivilgesellschaft auswirken. Vielleicht hat dann Amanys Tochter die besseren Chancen.

Quellen
– Schweizerische UNESCO-Kommission (ohne Datum). *Homepage der Schweizerischen UNESCO-Kommission*. Gefunden am 5. Januar 2012, unter www.unesco.ch/die-unesco/bildungprogramm/alphabetisierung.html
– Todd, Emmanuel (2011). *FREI! Der arabische Frühling und was er für die Welt bedeutet* (Aufl. 1). München: Piper Verlag GmbH.

[101] Schweizerische UNESCO-Kommission, 2012, Alphabetisierung.

[102] Todd, 2011

Zivilgesellschaft und Integration
Severin Mom

Severin Mom

103
Arn, 2004

104
Adlof, 2005, zit. in Peter, 2010

Einleitung
Zivilgesellschaft ist nach Dieter Ruloff (2003) der: «… intermediäre Raum öffentlichen Lebens zwischen Individuum und Staat …». Zivilgesellschaftliches Handeln zeichnet sich dabei nach Gosewinkel et al. durch seine Öffentlichkeit, Selbstorganisation und Gemeinnützigkeit aus (Arn, 2004). Es grenzt sich oft vom staatlichen, gewinnorientierten und marktwirtschaftlichen Handeln ab und propagiert einen hohen Grad an Autonomie. Zivilgesellschaftliche Institutionen sind dabei aber oft auch abhängig von öffentlichen Geldern und gezwungen, ökonomische Prinzipien zu verfolgen, um das Überleben sichern zu können.[103]

In der Diskussion um den Begriff der Zivilgesellschaft ist man sich einig, dass dieser nicht eindeutig zu fassen ist. Über den Charakter zivilgesellschaftlicher Handlungen und die Rolle, welche die Bürgerinnen und Bürger in ihr annehmen, nämlich jene des Citoyen[104], ist man sich dagegen weitgehend einig. Colette Peter (2010) merkt ausserdem an, dass allen Konzeptionen der Zivilgesellschaft eine vermittelnde Rolle zwischen Individuum und Staat zugrunde läge, welche einen Beitrag zur gesellschaftlichen Integration leiste. Wenn nun, wie Christoph Keller von der EKM (2010) festhält, die Citoyenneté aller Bürgerinnen und Bürger der anzustrebende Zustand sei, stelle ich folgende These auf:

These
Als Beitrag zur Demokratisierung der Gesellschaft soll es, im Sinne des Berufskodexes, auch Aufgabe der Sozialen Arbeit sein, die Öffnung zivilgesellschaftlicher Institutionen für Migrantinnen und Migranten zu fördern.

Argumentation
Gute Angebote alleine reichen nicht aus. Sie müssen insofern niederschwellig sein, als dass alle Bevölkerungsgruppen Zugang zu den betreffenden Informationen haben und diese auch verstehen können. Massnahmen zur Förderung einer Öffnung sollten in allen Handlungsfeldern einer Institution und vor allem auch auf allen hierarchischen Ebenen angestrebt werden. Solche können sein: Niederschwelligkeit, transkulturelle Bildung, zielgruppenspezifische Infrastruktur, sprachliche Hilfeleistungen usw. Wenn der Weg über Partizipation, Teilhabe und Teilnahme zu Zivilgesellschaft und Citoyenneté führen soll und wenn diese Zivilgesellschaft nun ein, wie Ruloff (2003) den historischen Begriff resümiert, «… organisiertes Bürgertum, das den Staat aus Einsicht in dessen Notwendigkeit hervorbringt» ist, und wir von einem Demokratisierungsgedanken ausgehen, erübrigt sich die Frage, wer an diesem «Bürgertum» teilnehmen darf beziehungsweise soll und wer nicht.

Dazu Francis Matthey (2010): «Die EKM ist der Ansicht, dass eine Debatte zu Citoyenneté neue Wege aufzeigen kann, nicht nur das Potenzial und Know-how von Migrantinnen und Migranten, die zum Wohlstand unseres Landes beitragen, besser zu nutzen und wertzuschätzen, sondern auch die Legitimität unseres demokratischen Systems abzustützen. Dass rund ein Fünftel der Bevölkerung von politischer Mitbestimmung ausgeschlossen ist, kann längerfristig nicht hingenommen werden. Die Glaubwürdigkeit unserer Demokratie wird dabei letztlich in Frage gestellt.»

Gegenargumentation
Argumente, welche gegen eine Öffnung zivilgesellschaftlicher Institutionen sprechen, können nur Argumente sein, welche grundsätzlich gegen eine starke Zivilgesellschaft sprechen. Ruloff (2003) merkt an, dass der Reformstau in gewissen Industriestaaten auf den allzu grossen politischen Einfluss von Verbänden und Partikularinteressen zurückzuführen ist. Ausserdem kann mit Peter (2010) ergänzt werden, dass der in Bedrängnis geratene Sozialstaat nur zu leicht und ungerechtfertigt staatliche Leistungen abbauen und dem zivilgesellschaftlichen Engagement überlassen könnte.

Fazit
Unabhängig vom Dilemma des möglichen Abbaus staatlicher Leistungen zu Lasten oder aufgrund zivilgesellschaftlichen Engagements, scheint es mir wichtig, dass die gesamte Bevöl-

kerung gleichermassen partizipieren kann. Dies setzt jedoch die nötigen Strukturen und das Engagement der Sozialen Arbeit voraus. Denn auch wenn es viele gute Beispiele gibt, in denen zivilgesellschaftliche Institutionen offen sind für Migrantinnen und Migranten, ist der Zugang im Allgemeinen dennoch schwieriger.

Es sollte unser und auch der Anspruch aller Migrantinnen und Migranten sein, Citoyens und Citoyennes unserer eigenen Zivilgesellschaft zu sein und somit unseren gemeinsamen Staat zu definieren.

Quellen
- Arn, Brigitte (2004). *Öffnung von Institutionen der Zivilgesellschaft.* Departement Migration des Schweizerischen Roten Kreuzes [SRK]. Bern: SRK.
- Beck, Susanne; Diethelm, Anita; Kerssies, Marike; Grand, Oliver & Schmocker, Beat (2010). *Berufskodex Soziale Arbeit Schweiz.* Bern: Avenir Social.
- Keller, Christoph (2010). Eidgenössische Kommission für Migrationsfragen [EKM] (Hrsg.). *Citoyenneté. Zugehörig sein, teilhaben und Verantwortung übernehmen.* Bern: BBL, Bundespublikationen.
- Matthey, Francis (2010). Vorwort. In Eidgenössische Kommission für Migrationsfragen [EKM] (Hrsg.). *Citoyenneté. Zugehörig sein, teilhaben und Verantwortung übernehmen.* Bern: BBL, Bundespublikationen.
- Peter, Colette (2010). Der Kitt unserer Gesellschaft. Innovage als Kooperationspartnerin der Zivilgesellschaft. In Beat Bühlmann (Hrsg.). *Die andere Karriere. Gesellschaftliches Engagement in der zweiten Lebenshälfte – am Beispiel Innovage.* Luzern: interact Verlag.
- Ruloff, Dieter (2003). Zivilgesellschaft. *Mutig, machtvoll und global vernetzt.* Magazin des Departements für auswärtige Angelegenheiten [EDA]. Schweiz Global (2).

Gespräche mit Personen aus dem arabischen Raum

Irgendwo zwischen Weisheit und Unvermögen (Interview mit Mehdi G. (Name geändert))
Alina Spörri

Alina Spörri

«Salut Guesba!», ruft er und lacht. Zweieinhalb Jahre haben wir uns nicht gehört. Guesba ist ein algerisches Musikinstrument und war seinerzeit mein Übungswort in Arabisch. Zu seinem Vergnügen erklang damals das volle ba nie so, wie er es vorsprach, weil ich diese entschiedene Balance zwischen weich und vehement nicht zustande brachte.

Mehdi G. ist 23 Jahre alt, Zahnarztstudent in Oran, Algerien. Im Sommer 2009 begegneten wir uns im Senegal. Er absolvierte sein erstes Jahr an der Universität in Dakar, von Heimweh geplagt. Ich arbeitete und lebte für zwei Monate in der Banlieue von Dakar. Vor dem Hintergrund der senegalesischen Lebenswelt kam mir unsere Begegnung sehr europäisch vor.

Anfang 2012 war Mehdi für ein paar Tage in Genf. Als ich davon erfuhr, fragte ich ihn, ob er zu einem Interview bereit wäre, und er sagte zu. Unglückliche Umstände verhinderten unser Treffen, so dass wir uns nun – er schon wieder zurück in Oran – für das Interview per Skype gegenübersitzen. Nachdem alle technischen Probleme gelöst sind, lege ich ihm mit wenigen Worten dar, dass ich das Interview im Auftrag der Hochschule Luzern – Soziale Arbeit führe und bin nun gespannt auf den Lauf des Gesprächs.

Gleich nachdem ich ihn gebeten habe, mir zu berichten, wie er die Umstürze in den Nachbarländern erlebe, entgegnet Mehdi, darauf könne er nicht antworten. Nicht am Telefon. Er sitzt in einem Internetcafé und kann sich – was ich jetzt verstehe – nicht so ausdrücken, wie er es unter privateren Umständen vermutlich tun würde. Aber er schreibt mir. Das Interview verzweigt sich in eine mündliche und eine schriftliche Spur. Was er erzählen kann, erzählt er, was er lieber nicht in aller Öffentlichkeit berichtet, tippt er mir simultan in den Chat ein.

Über Politik zu sprechen sei in Algerien nicht verboten, erklärt er mir, allerdings werde es nicht gerne gesehen. Er verweist mich auf einen Film, der die Geschichte Algeriens aufrollt, vor allem das so genannte Schwarze Jahrzehnt. Der Film soll Mehdis Schweigen ausfüllen. Selbstredend trägt er folgenden Titel: «Un peuple sans voix – Ein Volk ohne Stimme».

Ich habe einen zwiespältigen Eindruck vom weiteren Fortgang des Gesprächs. Einerseits erzählt er vom Groll der algerischen Jungen, die unter der allgegenwärtigen Ungerechtigkeit leiden. Keiner wage, das System zu stören, keiner habe weder Kraft noch Mut, sein Leben herzugeben für das Wohl der anderen. Ob es denn auch die Angst sei vor der Regierung? Nein, sagt er, es fehle den Jungen an Ideen, es mangele an der notwendigen Offenheit, an der politischen Kultur. Viel lieber wollten sie friedlich leben, ohne Probleme. Sie wollten Geld verdienen, auswandern, ausbrechen. Eine gemeinsame Vision gäbe es nicht. Kurz, das Volk sei nicht bereit für eine Revolution.

Dann wieder lobt er die Demokratie Algeriens. Nur die Schwellenländer betrachtet, sei sie mit Sicherheit eine der besten. Für mich ist es erstaunlich, wie er im selben Atemzug anfügt, dass allerdings keiner nach der Meinung der Leute fragt.

Gegen Ende scheint ihn die Sorge zu überkommen, er habe zu viel Ungutes über sein Land erzählt. Im Grunde genommen sei das Warten der Algerier ein Zeugnis der Weisheit, ergänzt er. Es gehe darum, dass sie eben gerade nicht den Krieg suchten, sondern sich eine Revolution wünschten, welche die Bildung betreffe, die Kultur. Eine Revolution im guten Sinne. Eine, die das Land leistungsfähiger mache, nicht destabilisiere. Ihre eigene Revolution hätten sie eigentlich schon gehabt. Das war 1988, der Anfang eines zehnjährigen Albtraums.

Zwei Bitten hat Mehdi zum Schluss. Ich dürfe seinen Namen nicht nennen, schliesslich habe er eine Musikgruppe. Zweitens solle ich nicht schlecht über seine Heimat denken. Er tippt: «Parce qu'après tout, on est des Algériens, et fier de l'être. Tous les Arabes sont comme ça. Depuis la nuit des temps. C'est un peuple fier de ses origines et qui a beaucoup de principes fondamentaux qui ne changeront jamais.»

Wieder diese Weichheit und Vehemenz. Vor dem Hintergrund meiner schweizerischen Lebenswelt wirkt die Distanz zwischen uns grösser. In der Fremde suchten wir nach Gemeinsamkeiten, heute – eine grosse Bereicherung – richtete sich der Fokus auf Unterschiede, auf Neues, auf Eigenes. Dafür möchte ich mich bedanken.

Daniela Gisler

Interview mit Almir
Daniela Gisler

Almir ist in Kairo aufgewachsen. Seine Eltern besitzen und bewirtschaften ein Restaurant in der Nähe des Tahrir-Platzes. Gewohnt hat Almir mit seiner Familie etwas vom Zentrum entfernt. Almir ist im Jahr 1973 geboren. Nach der Grundschule hat er in Kairo an der Beirut Arab University Jura studiert. Gearbeitet hat er jedoch nie in diesem Beruf. Er war ein leidenschaftlicher Bodybuilder und hat davon geträumt, sein Hobby zum Beruf machen zu können. Mit einer Anstellung als Fitness-Trainer gelang ihm dies dann auch.

Seit acht Jahren lebt Almir mit seiner Frau, die aus der Schweiz stammt, und seinen drei Kindern in einer Luzerner Agglomerationsgemeinde. Seine Kinder sind acht, fünf und drei Jahre alt. Almir hat sehr schnell Deutsch gelernt. Unter anderem gelang es ihm deshalb, sich relativ schnell wohl zu fühlen in der ihm doch anfänglich fremden Kultur. Vielleicht hat er auch dank seiner guten Deutsch-Kenntnisse schnell eine Arbeitsstelle finden können. Seit er in der Schweiz lebt, arbeitet Almir im Sicherheitsbereich. Zu seiner Familie in Kairo hat Almir regelmässig telefonischen Kontakt. Auch zu seinen ägyptischen Freunden pflegt er den Kontakt mittels Internet und Telefon.

Wie beschreibst du das Leben in Ägypten? Wie hast du dieses als Kind oder später als junger Erwachsener erlebt? Gab es zu dieser Zeit weniger oder andere Probleme?
Als ich klein war, habe ich nichts wahrgenommen, was mich hätte stören können. Das ist aber in gewisser Weise auch normal, da ich als Kind sicher nicht alles wusste und von meinen Eltern nicht alles erzählt bekam. Ich hatte das Glück, in einer Familie geboren zu sein, in der nicht so viele Probleme vorhanden waren. Wir waren nicht «sehr» reich, aber auch sicher nicht arm. Es ging uns gut und vielleicht waren wir deshalb in gewissem Sinne privilegiert. Ich hatte gute Freunde, mit denen ich aufwuchs. Wir bedeuten uns auch heute noch viel. Ich habe die Schule

besucht und konnte nach meiner Schulzeit ein Studium machen. In Ägypten gibt es viele private Schulen, die zusätzlich kosten und deshalb nur einem kleinen Teil der Bevölkerung zugänglich sind. Der Staat hat nur ein kleines Budget für Bildung.

Nach meinem Studium habe ich bereits gespürt, dass man ohne Vitamin B praktisch keine Chance hat, eine gute Stelle zu bekommen. Da muss man Verbindungen haben, da muss man vernetzt sein. Eine Frage, die immer wieder gestellt wird, ist: «Was arbeitet dein Vater?» Wenn man da keine passende Antwort geben kann, also wenn der Vater ein einfacher Mann ist, stehen die Chancen auf eine gute berufliche Karriere schlecht. Das Kontaktnetz der Eltern ist oft ausschlaggebend für die Zu- respektive Absage einer Bewerbung. Das ist doch eine grosse Ungerechtigkeit, oder?

Ich hätte natürlich schon im Restaurant meiner Eltern arbeiten können. Meine Geschwister haben es zum Teil auch gemacht. Aber das habe ich nicht gewollt. Ich wollte nicht, dass ich einfach der Almir bin, der Sohn, der nun auch im Restaurant arbeitet. Das wäre so der logische Weg gewesen. Ich hatte da aber eine andere Vorstellung und wollte etwas anderes machen. Auch habe ich nach meinem Studium die Arbeit als Rechtsanwalt nie angestrebt. Viel lieber wollte ich mein Hobby zum Beruf machen und in einem Fitness-Center als Fitness-Trainer arbeiten, was mir zum Glück gelungen ist. Wenn ich ehrlich bin, muss ich sagen, dass auch ich diese Stelle dank Verbindungen und Vernetzungen, also auch mit Vitamin B, bekommen habe. Ein Freund von mir hat im World-Gym gearbeitet. Er hat mir geholfen, dort auch eine Stelle zu bekommen, weil er mich empfohlen hat. Es war eine gute Stelle, bis ich meiner Frau in die Schweiz nachgereist bin. Sie wollte unseren Sohn in der Schweiz gebären und es war ihr Wunsch, danach in der Schweiz zu bleiben. Deshalb bin ich jetzt seit acht Jahren hier.

Freunden von mir in Ägypten ging es aber weniger gut. Ein Freund zum Beispiel, der drei Kinder hat, war gezwungen, zwei verschiedenen Arbeiten parallel nachzugehen. Nur so war es ihm möglich, genug Geld zu verdienen, um seinen Verpflichtungen nachzukommen. An den Vormittagen arbeitet er als Geldtransporteur, an den Nachmittagen und den Abenden als Türsteher, und zwar jeweils bis 24 Uhr. Das ist doch nicht normal, dass man so streng arbeiten muss und dennoch zu wenig Geld verdienen kann, um alles Lebensnotwendige für sich und seine Familie bezahlen zu können. Fast logisch, dass da ein ohnmächtiges und auch wütendes Gefühl aufflammt.

Immer öfter habe ich auch erlebt oder vor allem beobachtet, dass die Polizei willkürlich Personen überprüft hat. Mit diesen Aktionen ging es der Polizei und auch der Regierung nur darum, ihre Macht zu demonstrieren. Es kam und kommt wahrscheinlich noch immer zu Folterungen in Ägypten. Meines Wissens sind Elektroschocks eine gängige Methode. Auch das ist doch nur eine Demonstration von Macht.

Hast du das Gefühl, dass solche Kontrollen zugenommen haben, oder erinnerst du dich auch an ähnliche Vorfälle in deiner Kindheit?
Ich kann mich an keinen solchen Vorfall in meiner Kindheit erinnern. Ich denke, dass das gar nicht vorkam, weiss es aber nicht mit Sicherheit. Die Lebensumstände waren aber schon anders. Das System war, glaube ich, weniger korrupt.

Aber zurück zu meiner Zeit als Erwachsener in Ägypten. Meine Frau und ich haben auch einmal eine Polizeikontrolle erlebt, die ich hier kurz schildern möchte: Wir wurden von der Polizei aufgehalten und kontrolliert, ohne dass es dazu den geringsten Anlass gab. Sie haben uns auf den Polizeiposten mitgenommen, uns aber nicht darüber informiert, was los ist. Meine Frau und ich haben dann meinen Chef anrufen können, der Kontakte hatte zu der Polizei. Dank seiner Hilfe konnten wir den Polizeiposten relativ schnell wieder verlassen. Auch in dieser Situation war ein Beziehungsnetz von Vorteil. Das ist doch nicht normal, oder? Unseren Bus allerdings haben wir natürlich verpasst und wir sind viel zu spät zur Arbeit gekommen. Ich weiss bis heute nicht, warum sie uns kontrolliert haben – vielleicht ist meine Frau zu stark aufgefallen mit ihren langen blonden Haaren.

Was führte deines Erachtens zu den Schwierigkeiten in Ägypten, die dann die Proteste auslösten?
Das Fehlen des Mittelstandes, denke ich, ist ein grosses Problem. Es gibt viele reiche Leute und noch mehr Arme, der Mittelstand ist quasi nicht existent, was sich für das Land sicherlich nicht positiv auswirkt. Oft hat eine Familie nicht mehr als 180 ägyptische Pfund pro Monat zur Verfü-

gung, was ungefähr 30 Schweizer Franken entspricht. Für eine Familie mit zwei Kindern ist das ein sehr kleines Budget. Dieses Geld muss dann reichen für Essen, Kleider, Schule, Wohnung – einfach für alles. In den letzten Jahren haben sich Lebensmittel und andere Güter, die täglich gebraucht werden, etwa um das Fünffache verteuert. Eine Flasche Öl kostet mittlerweile etwa zehn Pfund. Bis vor kurzem kostete sie nur zwei Pfund. Auch Fleisch ist sehr teuer geworden. Warum sich alles so dramatisch verteuert hat, weiss ich eigentlich nicht so genau. Durch diese hohen Preise der Lebensmittel sind gewisse Probleme in der Familie, aber auch im Land selber, vorbestimmt. Die Kriminalität zum Beispiel hat dadurch sicher zugenommen. Menschen, die keine Ausbildung haben, weil sie sich diese nicht leisten können, sehen oft wirklich keine andere Möglichkeit, als sich mit illegalen Tätigkeiten Geld zu erwirtschaften. Sie haben sich unter Umständen lange bemüht, eine «anständige» Arbeit zu finden, jedoch ohne Erfolg. Was wollen sie machen? Sie müssen eine Familie ernähren, sie haben keine Chance.

Warum, denkst du, haben die Menschen so lange nicht auf die ungerechten Zustände im Land reagiert?
Die Menschen haben einfach geduldig gewartet. Das Leben in Ägypten war bis vor etwa zehn Jahren meines Erachtens entscheidend einfacher. Ich denke, dass in dieser Zeit niemand das Gefühl hatte, die Regierung, deren Strategie usw. ändern zu wollen. Im Allgemeinen waren die Menschen ziemlich zufrieden mit ihrer Situation. Es gab schon auch mal Schwierigkeiten, da hat aber die Zusicherung der Regierung, dass sie sich bemühen, die Schwierigkeiten zu beheben, den Bürgern gereicht. Es ist wirklich so: Das Leben war einfacher, die Probleme hielten sich im Rahmen. Zum Beispiel waren die Lebensmittelpreise viel tiefer und die Lebensmittel für die Bewohner und Bewohnerinnen erschwinglich.

Hast du eine Erklärung für die Veränderung im Land? Warum wurde dann doch einiges plötzlich von der Bevölkerung hinterfragt?
Ich denke, dass die Menschen sich nach Gerechtigkeit gesehnt haben. Sie wollten Klarheit über gewisse Fragen, wie zum Beispiel die hohen Lebensmittelpreise. Sie wollten Antworten. Ebenfalls wollten sie nicht einfach einen «logischen» Nachfolger von Mubarak akzeptieren. Deshalb wollten die Menschen Wahlen, bei denen sie mitbestimmen können, wer das Land regiert. Ägypten soll eine Demokratie sein und zwar nicht nur auf dem Papier, sondern auch in Wirklichkeit. Sie hatten genug von der Korruption.

Warum kam es nun zu den Protesten?
Leider waren die Zusicherungen der Regierung, Ungerechtigkeiten und Missstände zu beheben, nur leere Versprechungen. Nichts hat sich verbessert, im Gegenteil: Die Probleme wurden immer alltäglicher, immer mehr. Das haben natürlich alle wahrgenommen. Ein Beispiel eines solchen Missstandes: Mubarak verkaufte an Israel Gas zu einem Preis, der viermal niedriger war als der Normalpreis. In Ägypten wurde das nur durch Zufall entdeckt. Die Menschen in Ägypten wurden danach, durch eine angebliche Gasknappheit, gezwungen, Gas auf dem Schwarzmarkt zu einem viel zu hohen Preis zu kaufen. Solche und ähnliche Missstände fielen den Menschen immer mehr auf. Das Vertrauen auf eine gute Lösung solcher Probleme durch die Regierung war definitiv nicht mehr vorhanden. Ich glaube, dass die Menschen zu realisieren begannen, dass diese Probleme nicht sein müssten, dass das Volk an der Nase herumgeführt wird! In Wirklichkeit war das System gar nicht so demokratisch. Mubarak hat stets den Demokraten gimimt, der er aber gar nicht war.

Die Anhäufung von Problemen und das Realisieren von Missständen hat die Menschen «wachgerüttelt». Sie waren nicht mehr bereit, die Regierung und deren Vorsitzende zu unterstützen, ihnen blindlings alles zu glauben. Ägypten hat viele Ressourcen, die genutzt werden können. Wir haben den Suezkanal, jährlich besuchen sehr viele Touristen unser Land, es gibt viel Gas, es gibt Öl ... Warum geht es den Menschen aber immer schlechter? Warum werden alle Lebensmittel so extrem teuer? Wie schon erwähnt, wollten die Menschen Antworten auf solche Fragen.

Das ist ein absolut unlogischer Umstand, der von der Bevölkerung – endlich – wahrgenommen wurde. Die Menschen waren nun bereit, sich gegen solche Ungerechtigkeiten zur Wehr zu setzen. Sie wollten auf sich und auf ihre Probleme aufmerksam machen. Auf meiner Facebook-Seite habe ich Aussagen von Freunden gelesen, in denen klar wird, dass sie bereit sind, ihr Leben für die Gerechtigkeit zu riskieren. Sie schreiben, dass sie keine Wahl haben. Es geht ihnen so schlecht, dass es egal ist, bei einem Protest zu sterben, da sie auch sonst keine Aussicht auf Verbesserung haben. Lieber in Ehren sterben als so weiterleben wie bis anhin, dies die Aussage von einigen meiner ägyptischen Freunde. Verrückt, oder? Wenn ich hier aus der Ferne solche Sätze lese, fühle ich oft zwei Seelen in meiner Brust: Die eine, die froh ist, in der Schweiz leben zu können, und diejenige, die an der Seite meiner Freunde für Gerechtigkeit in meiner Heimat kämpfen möchte. Ägypten ist ein wunderschönes Land. Es ist meine Heimat, mit der ich mich immer noch verbunden fühle.

Gibt es Momente, in denen du Angst hast um deine Familie und deine Angehörigen in Kairo?
Ja, ich habe oft grosse Angst, dass etwas passiert. Das Restaurant, das meiner Familie gehört, ist ja unmittelbar beim Tahrir-Platz, also genau dort, wo die Proteste passieren. Es beruhigt mich jedoch, dass das Wohnhaus sich in einiger Entfernung zum Tahrir-Platz befindet. Meine Familie beruhigt mich jeweils am Telefon und versichert mir, dass es ihnen gut geht. Eine meiner Schwestern lebt ja in London. Ihr geht es ähnlich wie mir. Mit ihr tausche ich mich immer wieder aus.

War oder ist es möglich, sich in Ägypten zivilgesellschaftlich zu engagieren?
Meiner Meinung nach hat die Regierung stets versucht, die Bevölkerung aus allen politischen Angelegenheiten herauszuhalten. Dass Menschen sich für Politik interessieren, war von der Regierung nie gewollt. Mubarak hat sich ja stets als Demokrat bezeichnet, was er aber nach meinem Verständnis nicht war. Damit die Menschen das lange nicht spürten, wurde eine Art «Beschäftigungstherapie» praktiziert. Durch die Beschäftigung mit alltäglichen und immer neuen Problemen hatten die Menschen unmöglich Zeit, sich mit Politik, Zivilgesellschaft oder mit ihrer Beteiligung an dieser Zivilgesellschaft zu befassen. Es war für viele Ägypter nur möglich, an das Nächste, an das Wichtigste zu denken. Es ging fast nur um Fragen, wie man den täglichen Bedarf sichert, also um existenzielle Fragen. Politik ist da weit weg von den Gedanken, die Menschen beschäftigen. Das ging lange gut. Aber dann war das Fass randvoll. Die Proteste, die am 25. Januar 2011 begannen, zeigen dies deutlich. Die Regierung hat sicher nicht mit so einer starken Reaktion des Volkes gerechnet. Auf meiner Facebook-Seite habe ich gelesen, wie die Proteste organisiert wurden. Da stand zum Beispiel: «Hey, wir treffen uns am Tahrir-Platz zum gemeinsamen, friedlichen Protest. Leite diese Nachricht an mindestens zehn Leute weiter!» Dass die Proteste friedlich verlaufen würden, war allen Protestbereiten sehr wichtig. Umso unverständlicher, dass die Behörden mit scharfen Waffen versuchten, die Menge auseinanderzubringen. Die Protestierenden liessen sich davon aber nicht zurückschrecken. Sie bekundeten, dass sie den Tahrir-Platz erst verlassen würden, wenn Mubarak weg sei. Die Menschen protestieren für ein normales Leben. Mehr wollen sie gar nicht. Sie wollen eine Regierung, die sich der Anliegen der Bevölkerung annimmt, sie wollen eine Regierung, die die Bevölkerung ernst nimmt. Bei Mubarak ist das nicht so. Das macht doch wütend, oder?

Welche Unterschiede zwischen Ägypten und der Schweiz erkennst du in Bezug auf die Zivilbevölkerung?
Ich denke, dass in der Schweiz Menschen mit weniger finanziellen Mitteln identische Möglichkeiten haben wie solche mit einem grösseren Einkommen. Die Arbeitslosenversicherung finde ich zum Beispiel eine sehr wichtige Sache. In Ägypten übernehmen die Sozialversicherungen meines Wissens nur kleine Grundabsicherungen.

Ebenfalls ist es gut, dass es in der Schweiz obligatorisch ist, eine Krankenkasse abzuschliessen. In Ägypten wird eine kranke Person, die viel Geld hat, viel lieber und ganz anders behandelt als eine arme. Ein Bekannter von mir war mal mit einer Verletzung am Bein im Spital. Er war dann froh, wenn Besucher ihm als Mitbringsel Geld gaben. Wenn man in Ägypten in ein Spital gehen muss, ist die erste Frage immer: «Hast du Geld?» Mit dem geschenkten Geld hat mein Bekannter dann die Rechnung bezahlen können. Wenn man in Ägypten im Spital liegt, bringt niemand Blumen. Was will man mit Blumen?

Im Schweizer Bildungssystem, denke ich, sind Herkunft und Familie des Kindes nicht zentral. Alle haben dieselben Chancen, was zählt, ist das Können und allenfalls der Fleiss. Aufgrund der zuvor erwähnten Beispiele wurde deutlich, dass in Ägypten Fleiss und Können nicht eine primäre Rolle spielen. Natürlich sind diese zwei Eigenschaften auch wichtig, aber die Herkunft und die Familie sind ihnen beinahe übergeordnet.

Ein weiteres Problem, das in der Schweiz besser gelöst ist, ist die Situation der Witwen. Ich kenne ägyptische Witwen, die es fast nicht schaffen, für ihre Kinder zu sorgen. Vor allem, wenn es Frauen sind, die keine Ausbildung machen konnten. Die haben dann auf dem Arbeitsmarkt keine Chance auf eine Anstellung. Was ihnen bleibt, sind Arbeiten wie Putzen oder so. Da «muss» man sich innerhalb der Familie helfen. Vielen fehlt aber auch dazu die Möglichkeit, da sie schlicht und einfach kein Geld übrig haben, mit dem sie ihre Familien unterstützen können.

Vielen Dank für das interessante Gespräch. Durch deine offene Erzählung habe ich einen sehr guten Einblick in dein Herkunftsland, in dessen Schwierigkeiten und Anliegen bekommen.
Bitte, bitte! Ich habe dir sehr gerne ein paar Sachen über Ägypten erzählt. Es freut mich, wenn du dich dafür interessierst.

Interview mit Hamid el Kinani
Mario Bärtsch

Mario Bärtsch

Es war ein trüber Tag in Luzern. Fröstelnd kam Mario vor dem kleinen marokkanischen Restaurant an. Er hatte sich für den Leistungsnachweis des Interviews entschieden, weil er dachte, dass der Kontakt mit Menschen aus einer anderen Kultur, einer anderen Religion oder aus einem anderen Land ihm den besten Einblick in die arabische Welt verschaffen würde.

Gespannt betrat er den kleinen Raum. Der Interviewpartner Hamid stand bereits grinsend vor ihm, als Mario durch die Tür trat. Mario wusste, dass Hamid rauchte und fragte darum, ob er sich nach der Arbeit noch eine verdiente «Fürobigzigarette» gönnen möchte. Hamid ging gerne darauf ein. Vor der Tür fragte Mario, wie lange Hamid bereits in der Schweiz sei. Seit 1988, antwortete er. Eine lange Zeit. Viel sei passiert. Unter anderem, dass er mit der Freundin und dem Bruder dieses kleine Restaurant eröffnet hat, welches bereits zwei Jahre besteht. «Das Geschäft läuft», sagte der 45-jährige gebürtige Marokkaner bescheiden. Sie gingen nach drinnen.

«Kannst du mir erzählen, wie du die Umbrüche in der arabischen Welt und insbesondere in deinem Heimatland verfolgt und erlebt hast?», fragte Mario, nachdem sie sich fürs Interview eingerichtet hatten. Hamid überlegte und richtete dabei seine Augen zum Himmel. Nun erzählte er, wie er die Entwicklungen in Nordafrika mit grossem Interesse verfolgte. Er freue sich über die Entwicklungen in Nordafrika. Das Internet eröffne mehr Möglichkeiten, sagt er. Man sei näher am Geschehen. Auch telefoniere er oft mit seinen Verwandten in Marokko und sei mindestens viermal pro Jahr vor Ort. Nicht um Geschäfte zu betreiben, sondern einfach um zu geniessen, die Ruhe zu geniessen. Früher war Hamid noch bei einer Studentenbewegung dabei und aktiv in der USFP (Union Socialiste des Forces Populaires). Doch diese Zeiten seien vorbei. Er lebe schon mehr als 20 Jahre in der Schweiz. Er habe mit der Politik in Marokko nichts mehr am Hut.

Mario sprach ihn auf den König an. Der König sei sehr beliebt in seinem Land. Er werde auch der «König der Armen» genannt. Sein Land habe ein spezielles Verhältnis zum König. Der König habe, im Gegensatz zu seinem Vorgänger Mohammed V. vieles für sein Volk getan. Die Korruption sei das grösste Problem in Marokko. Sie sei überall vertreten und ähnlich wie die Mafia in Italien aufgebaut. Das Königshaus sei von Korruption ausgenommen. H. setzt grosse Hoffnungen in die neu stärkste Partei, die PJD (Partei für Gerechtigkeit und Entwicklung), die der Korruption endlich ernsthaft entgegenwirken soll.

Bei der Frage, was Hamid unter Demokratie verstehe, schien die Gelassenheit Hamid das erste Mal von ihm zu schwinden. Er könne es nicht verstehen, dass andere Länder wie die USA oder Frankreich mit ihrem Modell von Demokratie die ganze Welt vereinheitlichen wollten. Marokko sei auch eine Demokratie. Eine Demokratie, die der Situation vor Ort angepasst sei. Demokratie sei etwas, was jedes Land selbst, auf Grundlage der Menschenrechte, entwickeln müsse. In Marokko seien die Religion und die Kultur zentral für das Leben. Eine Demokratie müsse auf solche Einflüsse Rücksicht nehmen. Etwas zu kopieren, sei völlig sinnlos.

Die Gedanken an die Zukunft versetzen Hamid in Euphorie. Wenn auch nur 50 Prozent der Versprechen und der Pläne umgesetzt werden können, sei dies ein unglaublicher Schritt für die Marokkanerinnen und und Marokkaner, für die Nordafrikanerinnen und Nordafrikaner. Hamid ist der Meinung, dass das Volk nun die absolute Macht habe und sich nie wieder zum Narren halten lassen werde. Ein Rückfallen in alte Strukturen schliesst er komplett aus. Das werde nie mehr geschehen. Einmal ausgelöst, sei die Welle der Veränderungen nicht mehr zu stoppen. Das werde sich auch in Syrien oder in Algerien zeigen. In Algerien sei es besonders schwierig, weil das Militär an der Macht sei.

Hamid hofft, dass die Zustände der Doppelmoral, wo ausländische Politiker/innen dramatische Ungerechtigkeiten tolerieren würden, nur um wirtschaftliche Interessen zu schüren, vorbei seien. Sein Land sei «erwachsen» geworden, sagte er zum Abschluss des Interviews. Mario blieb noch ein bisschen sitzen und schlürfte den marokkanischen Minze-Tee. Er schmeckte wunderbar!

Sereina Schmocker

Interview mit Salim Meier
Sereina Schmocker

Salim Meier ist 22 Jahre alt. Seine Mutter ist Marokkanerin und sein Vater Schweizer. Nach der obligatorischen Schule besuchte er das Gymnasium in Langenthal. Gegenwärtig studiert er in Basel Soziologie und Islamwissenschaften. Nebenbei arbeitet Salim Meier als Telefonbefrager. Jährlich besucht er seine Familie in Marokko in der ländlichen Stadt Ouezzane. Diese zählt ungefähr 65'000 Einwohner und Einwohnerinnen.

Wie gestaltet sich das zivilgesellschaftliche Engagement in Marokko?
Insgesamt gibt es in Marokko relativ wenig zivilgesellschaftliches Engagement. Es gibt insbesondere auf dem Land zwei wichtige Treffpunkte, wo sich ein Grossteil des zivilen Lebens abspielt. Das wären einerseits die Moscheen, und anderseits die Kaffeehäuser. Die Moscheen bilden ein wichtiges Austauschzentrum, wo politische Diskussionen vor allem unter Männern stattfinden. Auch in den Kaffeehäusern wird viel Zeit verbracht und diskutiert. In den Städten gibt es ausserdem Vereine. Ihr Aufbau ist jedoch oftmals schwierig, weil die Korruption gross ist und dadurch viel Geld durch Bewilligungen verloren geht. Ausserdem ist oft kein Geld da, um Mitgliederbeiträge zu bezahlen. Für junge Menschen gibt es Jugendtreffs, Billardlokale und sehr viele Internetcafés. Das Internet gibt den Jungen eine virtuelle Freiheit, die sie in der realen Welt nicht ausleben können. In den grösseren Städten mit Universitäten politisieren Studenten und Studentinnen. Ein grosses, starkes zivilgesellschaftliches Engagement wie in anderen arabischen Ländern ist in Marokko aber nicht festzustellen.

Warum ist die Zivilgesellschaft in Marokko schwach?
Der König von Marokko ist sowohl das politische als auch das religiöse Oberhaupt von Marokko. Die verschiedenen Berberstämme in Marokko gehören dem Islam an und akzeptieren den König als gemeinsames religiöses Oberhaupt. Der König vereint somit die Berber mit den eingewanderten Arabern und geniesst dadurch grosse Legitimität. Diese Legitimität im Volk verhindert ein grösseres, einen politischen Umbruch forderndes, zivilgesellschaftliches Engagement in Marokko. Die Religion hat im Allgemeinen einen viel höheren Stellenwert als in der Schweiz und organisiert den Alltag. So dürfen beispielsweise Bars mit Alkoholausschank ausschliesslich für Touristen und Touristinnen betrieben werden. Der Verkauf von Alkohol an Muslime und Musliminnen ist verboten.

Ist Kritik an der Regierung geduldet?
Marokko ist eine konstitutionelle Monarchie. Das heisst, es gibt neben dem König ein Parlament. Dieses darf nur so lange arbeiten und Entscheidungen treffen, wie der König einverstanden ist. Und es darf öffentlich und in den Medien kritisiert werden. Die Autorität des Königs hingegen darf nicht kritisiert werden. Wenn etwas nicht gut läuft, wie beispielsweise die Korruption, sind das Volk und die Regierung daran schuld. Der König versucht, die Missstände lediglich zu richten. Ein grosser Teil der Bevölkerung zweifelt nicht am König und denkt nicht daran, ihn zu kritisieren.

Wie sieht die Zukunft von Marokko und der arabischen Welt aus?
Die aktuellen Ereignisse in Ägypten lassen erahnen, dass sich voraussichtlich keine schnellen Veränderungen ergeben werden. Denn die Korruption ist tief in der Gesellschaft verwurzelt. Solange der Staat so korrupt ist, kann sich keine starke Zivilgesellschaft entwickeln. Ausserdem

ist die Legitimität des Königs in Marokko im Moment zu gross, als dass sich ein breiter Wunsch der Bevölkerung nach einem radikalen politischen Wandel entwickeln könnte. Selbst bei einer Revolution wäre es durchaus fraglich, ob Korruption und Repression verschwinden würden.
Ein Machtwechsel bedeutet nicht immer eine wirkliche Verbesserung der Situation. In Ägypten sieht die Situation ja momentan so aus, als wäre der abgetretene Machthaber Mubarak lediglich mit dem Militär ausgewechselt worden, ohne dass sich eine markante Veränderung im Umgang der Sicherheitskräfte mit der demonstrierenden Bevölkerung ergeben hat.

Rückblick

Rückblick

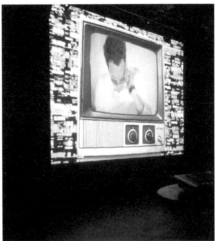

Ablauf der Studienwoche: die Übersicht

Montag, 30. Januar 2012

– Begrüssung durch die Modulverantwortlichen Prof. Bernard Wandeler und Peter Stade
– Eröffnungsreferat von Prof. Colette Peter
– Workshop: Einführung und Literatur
– Kulturprogramm
– Referat von Beatrice Durrer Eggerschwiler: Die Zukunft mitgestalten – zivilgesellschaftliches Engagement in der Schweiz
– Workshop: Fachtexte und Referate

Dienstag, 31. Januar 2012

– Referat von Beat Stauffer: Die Rolle der Zivilgesellschaft im nachrevolutionären Maghreb
– Referat von Sarah Sabry: Ägyptens Revolution und Zivilgesellschaft (in Englisch)
– Workshop: Referate
– Plenumsdiskussion mit Beat Stauffer und Sarah Sabry
– Kulturprogramm
– Abend-Kulturprogramm «Sonic Traces: From the Arab World» im Südpol, Kriens

Mittwoch, 1. Februar 2012

– Besuch bei Organisationen in verschiedenen Städten

Donnerstag, 2. Februar 2012

– Puzzlegruppen: Austausch über die am Vortag besuchten Organisationen
– Selbstmoderierte Workshops zum Thema Zivilgesellschaft und Soziale Arbeit
– Kulturprogramm

Freitag, 3. Februar 2012

– Diskussion mit Ressource-Personen
– Abschlussreferat von Nationalrat Cédric Wermuth
– Kritischer Wochenrückblick von Dr. Rebekka Ehret
– Abschlussworkshop: Inhaltliche und methodische Reflexion der Woche, Evaluation
– Kulturprogramm mit Apéro

Impressum

Herausgeber/in: Prof. Bernard Wandeler, Peter Stade und Simone Gäumann
Hochschule Luzern – Soziale Arbeit
Cover: Beat Stauffer
Fotografien: Francine Buchwalder, Corinne Hunziker und Peter Vogel
Gestaltung: Hochschule Luzern
Deutsches Korrektorat: typo viva, Barbara Bucheli, Ebikon
Englisches Korrektorat: Apostroph AG, Luzern
Druck: Odermatt AG, Dallenwil
Copyright: Autorinnen und Autoren
Ausgabe: September 2012

ISBN 978-3-906413-95-2